PIANO CHORD SONGBOOK

Three Chord Songs

ISBN 978-1-4234-6228-6

HAL•LEONARD® CORPORATION

7777 W. BLUEMOUND RD. P.O. BOX 13819 MILWAUKEE, WI 53213

Visit Hal Leonard Online at
www.halleonard.com

Contents

How to Use This Book

Piano Chord Songbooks include the lyrics and chords for each song.
The melody of the first phrase of each song is also shown.

First, play the melody excerpt to get you started in the correct key.
Then, sing the song, playing the chords that are shown above the lyrics.

Chords can be voiced in many different ways. For any chords that are
unfamiliar, refer to the diagram that is provided for each chord. It shows
the notes that you should play with your right hand. With your left hand,
simply play the note that matches the name of the chord. For example,
to play a C chord, play C-E-G in your right hand, and play a C in your
left hand.

You will notice that some chords are *slash chords*; for example, C/G.
With your right hand, play the chord that matches the note on the left side
of the slash. With your left hand, play the note on the right side of the
slash. So, to play a C/G chord, play a C chord (C-E-G) in your right hand,
and play a G in your left hand.

All Along the Watchtower

Words and Music by
Bob Dylan

There must be some kind a way out-ta here, ___

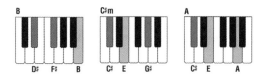

Intro

B   C#m| B A | B C#m| B A |
| B |C#m B |A B |
|C#m B |A   B |

Verse 1

C#m   B   A   B
There must be some kind a way outta here,

C#m   B   A   B
Say the jok-er to the thief.

C#m   B   A   B
There's too much confusion,

C#m   B   A   B
I can't get no re-lief.

C#m   B   A   B
Business men, they, ah, drink my wine.

C#m   B   A   B
Plow man, dig my earth.

C#m   B   A   B
None will level on ___ the line,

C#m   B   A
Nobody of it is worth. ___ Hey, hey!

| *Guitar Solo 1* | ‖: C#m | B | A | B | :‖ | *Play 4 times* |

Verse 2

C#m   B   A   B
No reason to get excit-ed,

C#m   B   A   B
The thief, he kindly spoke.

C#m   B   A   B
There are man-y here among us

C#m   B   A   B
Who feel that life ____ is but a joke.

     C#m   B   A
But, uh,   but you and I, we've been ____ through that,

   B   C#m   B   A   B
But, ah,   and this is not our fate.

C#m   B   A   B
So let us not talk false - ly now,

C#m   B   A   B
The hour's gettin' late, ____ ah. Hey!

Guitar Solo 2   ‖: C#m   B |A   B   :‖ *Play 4 times*

Interlude   ‖: C#m   B |A   B   :‖ *Play 3 times*

   | C#m   B |A   B |

                              Hey!

Guitar Solo 3   ‖: C#m   B | A   B   :‖ *Play 8 times*

Verse 3
            C#m B   A   B
Well, all a-long the watch - tower,

C#m   B   A   B
  Princes kept the view.

C#m   B   A   B
  While all the women came ___ and went,

C#m   B   A
  Bare feet servants too.

B   C#m B   A   B
  Well, ah, oh, outside in the cold distance, uh,

C#m   B   A   B
  A wild cat   did growl.

C#m   B   A   B
  Two riders were approachin'

         C#m B   A B
And the wind be-gan to howl.   Hey!

Outro   ‖: C#m   B | A   B   :‖ *Repeat and fade*
                                                    (w/voc. ad lib.)

All Right Now

Words and Music by Paul Rodgers
and Andy Fraser

Intro

| A   D | A | D | A |
Whoa.

| A   D | A | D | A |
Ow!

Verse 1

          A   D A
There she stood in the street,

       D   A
Smil - in' from her head to her feet.

                   D A
I said a, "Hey, now, what is this?

                 D   A
Now, baby, maybe, may - be she's in need of a kiss."

                 D   A
I said a, "Hey, uh-huh, what's your name, baby?

       D   A
May - be we can see things the same.

                   D A
Now don't you wait or ____ hesitate.

             D   A
Let's move ____ before they raise the parking rate." Ow!

	A G D A
Chorus 1	All right ____ now. Baby, it's all ____ right now.

                                         G   **D**   **A**

                     All right ____ now. Baby, it's all ____ right now, ____ woh.

A   **D**   **A**   **D**   **A**

   Let me tell ya now.   Oo, ah.

Verse 2

                    A **D** **A**

I took her home ____ to my place,

   D   **A**

Watch - in' ev'ry move on her face.

                 D **A**

She said, "Look, what's your game, baby?

       D   **A**

Are ____ you try'n' to put me in shame?"

                  D **A**

I said a, "Slow, don't go so fast.

       D   **A**

Don't ____ you think that love can last?"

                 D **A**

She said, "Love? Lord ____ a-bove.

        D   **A**

Oo. Now ____ you're try'n' to trick me in love." Ow!

Chorus 2

A   **G**   **D**   **A**

All right ____ now. Baby, it's all ____ right now.

       G   **D**   **A**

All right ____ now. Baby, it's all ____ right now.

Yeah, it's all right now.

Guitar Solo 1 | A | | | |
                    | | | | |

Interlude | A | G   D | A | G   D |

Bridge	**A** **D** **A** **D**

A   **D** **A**   **D**
Ow!

A
  Let me tell you all about it now.

   D   **A**   **D**   **A**
Ow!   Yeah.

Verse 3   *Repeat Verse 2*

Chorus 3

A   **G**   **D**   **A**
All right ___ now. Baby, it's all ___ right now.

        G   **D**   **A**
All right ___ now. Baby, it's all ___ right now.

Outro

A   **G**   **D** **A**
   All right now. Baby, it's all ___ right.

        G
Yeah, all right now.

D   **A**
Baby, baby, baby, it's all right.

     G
All, all right now. Yeah.

D   **A**
It's all right, it's all right, it's all right, yeah, huh.

      G   **D**   **A**
All right now. Baby, it's all ___ right now.

        G
Yeah, we're so happy together. Ow!

D   **A**
It's all right, it's all right, it's all right.

         G   **D**   **A**
Ev'rything's all right. Yeah.   Woo!

All Shook Up

Words and Music by Otis Blackwell
and Elvis Presley

Melody:

A well a bless my soul, __ what's...

B♭ — D F B♭

E♭ — E♭ G B♭

F — C F A

Intro |B♭ | | | |

Verse 1
           B♭
A well a bless my soul, what's wrong with me?

I'm itching like a man on a fuzzy tree.

My friends say I'm actin' wild as a bug.
        N.C.
I'm in love.

I'm all shook up!
  E♭   **F**   **B♭**
Mm, mm, ooh, ooh, yeah,__ yeah, yeah!

Verse 2
          B♭
My hands are shaky and my knees are weak

I can't seem to stand on my own two feet.

Who do you thank when you have such luck?
        N.C.
I'm in love.

I'm all shook up!
  E♭   **F**   **B♭**
Mm, mm, ooh, ooh, yeah,__ yeah, yeah!

	E♭
Bridge 1	Well, please__ don't ask me what's a on my mind,

                    B♭

I'm a little mixed up but I feel fine.

                    E♭

When I'm near that girl that I love best,

             F   **N.C.**

My heart beats so it scares me to death!

                    B♭

Verse 3   She touched__ my hand, what a chill I got.

Her kisses are like a volcano that's hot!

I'm proud to say that she's my buttercup.

                   N.C.

I'm in love.

I'm all shook up!

            E♭   **F**   **B♭**

Mm, mm, ooh, ooh, yeah,__ yeah, yeah!

Bridge 2

    E♭

My tongue gets tied when I try to speak,

    B♭

My insides shake like a leaf on a tree.

       E♭

There's only one cure for this soul of mine,

       F   **N.C.**

That's to have the girl that I love so fine!

Verse 4

      B♭

She touched__ my hand, what a chill I got.

Her kisses are like a volcano that's hot!

I'm proud to say that she's my buttercup.

     N.C.

I'm in love.

I'm all shook up!

   E♭   **F**   **B♭**

Mm, mm, ooh, ooh, yeah,__ yeah, yeah!

   E♭   **F**   **B♭**

Mm, mm, ooh, ooh, yeah,__ yeah,

I'm all shook up!

All Together Now

Words and Music by John Lennon
and Paul McCartney

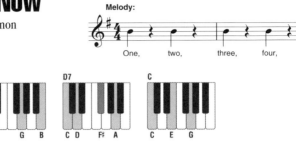

Intro

‖: G | | | :‖

Verse 1

G   D7
One, two, three, four, can I have a little more?

G   D7   G
Five, six, seven, eight, nine, ten, I love you.

Verse 2

G   D7
A, B, C, D, can I bring my friend to tea?

G   D7   G
E, F, G, H, I, J, I love you.

Bridge 1

G
(Boom, boom, boom,

C
Boom, boom, boom.) Sail the ship,

G
(Boom, boom, boom.) Chop the tree,

C
(Boom, boom, boom.) Skip the rope,

D7
(Boom, boom, boom.) Look at me!

(All together now.)

	G
Chorus 1	All together now, (All together now.)

All together now, (All together now.)

D7
All together now, (All together now.)

G
All together now. (All together now.)

	G **D7**
Verse 3	Black, white, green, red, can I take my friend to bed?

G   **D7**   **G**
Pink, brown, yellow, orange and blue, I love you.

(All together now.)

	G
Chorus 2	‖: All together now, (All together now.)

All together now, (All together now.)

D7
All together now, (All together now.)

G
All together now. (All together now.) :‖

Bridge 2	*Repeat Bridge 1*

G

Chorus 3 ‖: All together now, (All together now.)

All together now, (All together now.)

D7
All together now, (All together now.)

G
All together now. (All together now.) :‖

G

Chorus 4 All together now, (All together now.)

All together now, (All together now.)

D7
All together now, (All together now.)

                      G
All together now.

Authority Song

Words and Music by
John Mellencamp

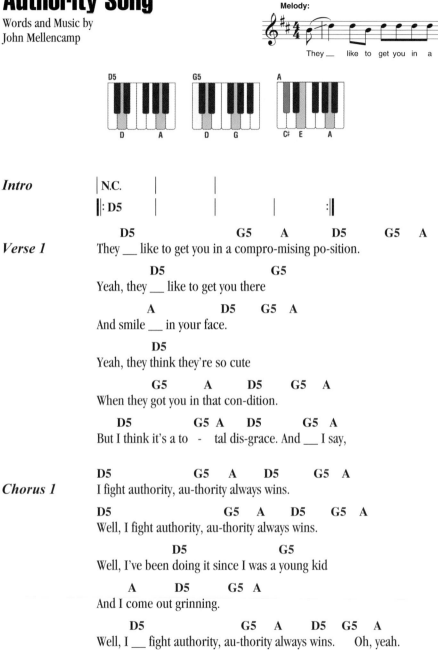

Intro

| N.C. | | |

|: D5 | | | :||

Verse 1

      D5   **G5** **A**   **D5**   **G5** **A**
They __ like to get you in a compro-mising po-sition.

       D5   **G5**
Yeah, they __ like to get you there

      A   **D5** **G5** **A**
And smile __ in your face.

      D5
Yeah, they think they're so cute

      G5   **A**   **D5**   **G5** **A**
When they got you in that con-dition.

    D5   **G5** **A** **D5**   **G5** **A**
But I think it's a to - tal dis-grace. And __ I say,

Chorus 1

D5   **G5** **A**   **D5**   **G5** **A**
I fight authority, au-thority always wins.

D5   **G5** **A**   **D5**   **G5** **A**
Well, I fight authority, au-thority always wins.

       D5   **G5**
Well, I've been doing it since I was a young kid

   A   **D5**   **G5** **A**
And I come out grinning.

      D5   **G5** **A**   **D5** **G5** **A**
Well, I __ fight authority, au-thority always wins.   Oh, yeah.

THREE CHORD SONGS

Interlude 1 ‖: D5 │ G5 A :‖

Verse 2

D5   G5
I call up my preacher, I say,

       A   D5   G5   A
"Give me strength for round __ five."

       D5   G5
He said, "You don't need no strength,

        A   D5   G5   A
You need to grow up, son."

       D5   G5   A   D5   G5   A
I said, "Growing up leads to grow - ing old and then to dying.

       D5   G5   A   D5
Ooh, and dying to me don't sound ___ like all that much fun."

       G5 A
And so I say,

Chorus 2

D5   G5   A   D5   G5   A
I fight authority, au-thority always wins.

       D5   G5   A   D5   G5 A
Well, I __ fight authority, au-thority always wins.

        D5   G5
Well, I've been doing it since I was a young kid;

A   D5   G5 A
I've come out grinning.

       D5   G5   A   D5   G5   A
Well, I __ fight authority, au-thority always wins.

Guitar Solo	‖:D5	G5 A	:‖	*Play 8 times*

N.C.

Interlude 2   I say oh, ___ no, no, no.

I say oh, no, no, no.

I say oh, no, no, no, no.

N.C.

Chorus 3   I fight authority, authority always wins.

I fight authority, authority always wins. Kick it in.

       D5   **G5**
I've been doing it since I was a young kid

       A   **D5**   **G5** **A**
And I've come out grinning.

       D5
Outro   Well, I ___ fight authority,

   G5   **A**   **D5**   **G5** **A**
Au-thority always wins.

       D5
‖: Well, I ___ fight authority,

   G5   **A**   **D5**   **G5** **A**
Au-thority always wins.   :‖ *Repeat and fade*

Bad Case of Loving You

Words and Music by
John Moon Martin

Melody:

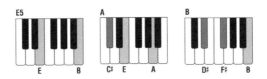

The hot sum-mer night

E5   A   B

E   B   C♯ E   A   D♯ F♯   B

Intro

‖: E5 | :‖ *Play 4 times*

Verse 1

  E5
The hot summer night fell like a net;

    A   B   E5
I gotta find ___ my baby yet.

I need   you to sooth my head,

        A   B   E5
To turn my blue ___ heart to red.

Chorus 1

E5   N.C.
Doctor, doctor gimme the news

      E5 N.C.
I got a   bad case of loving you.

A
   No pill's gonna cure my ill,

        E5   B
I got a   bad case of lovin' you.

Interlude 1

‖: E5 | :‖

Verse 2

            E5
A pretty face, don't make no pretty heart.

          A   B   E5
I learned that,   buddy, from the start.

You think I'm cute, a little bit shy,

          A B   E5
Mama, I ain't that kind of guy.

Chorus 2

Repeat Chorus 1

Guitar Solo

‖: E5 | | | :‖

| A | | B | |

Bridge

A
  I know you like it,

E5
  You like it on top.

A   B
  Tell me ma - ma,   are you gonna stop?

Interlude 2

Repeat Interlude 1

Verse 3

           E5
You had me down twenty-one to zip.

          A B   E5
A smile of Ju - das on your lip.

Shake my fist, knock on wood.

          A   B   E5
I got it bad ____ and I got it good.

Chorus 3

Repeat Chorus 1

Outro

| N.C.(E5) | ‖

The Ballad of John and Yoko

Words and Music by John Lennon
and Paul McCartney

Melody:

Stand-ing in the dock at South Hamp - ton,

E

E G♯ B

A

C♯ E A

B7

D♯ F♯ A B

Intro

| E | | |

Verse 1

   E
Standing in the dock at South Hampton,

Trying to get to Holland or France.

The man in the mac said,

"You've got to go back,"

You know they didn't give us a chance.

Chorus 1

          A
Christ! You know it ain't easy,

            E
You know how hard it can be,

        B7
The way things are going,

         E
They're gonna crucify me.

Verse 2	**E** Finally made the plane into Paris,
	Honeymooning down by the Seine.
	Peter Brown called to say,
	"You can make it OK,
	You can get married in Gibraltar, near Spain."
Chorus 2	*Repeat Chorus 1*
Verse 3	**E** Drove from Paris to the Amsterdam Hilton,
	Talking in our beds for a week.
	The newspeople said,
	"Say, what you doing in bed?"
	I said, "We're only trying to get us some peace."
Chorus 3	*Repeat Chorus 1*
Bridge	**A** Saving up your money for a rainy day,
	Giving all your clothes to charity.
	Last night the wife said,
	"Oh boy, when you're dead,
	B7 You don't take nothing with you but your soul."
	Think!

Verse 4

E
Made a lightning trip to Vienna,

Eating chocolate cake in a bag.

The newspapers said,

"She's gone to his head,

They look just like two gurus in drag."

Chorus 4   *Repeat Chorus 1*

Verse 5
E
Caught the early plane back to London,

Fifty acorns tied in a sack.

The men from the press said,

"We wish you success,

It's good to have the both of you back."

Chorus 5
                                   A
Christ! You know it ain't easy,

                                          E
You know how hard it can be,

                              B7
The way things are going,

                                          E
They're gonna crucify me.

                              B7
The way things are going,

                                          E
They're gonna crucify me.

| B7 | | | E | | ‖ |

Bang a Gong
(Get It On)

Words and Music by
Marc Bolan

Melody:

Well, you're dirt - y and sweet,

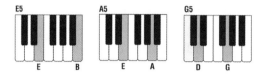

E5   A5   G5

Intro   ‖: E5 | | | :‖

Verse 1
        E5   A5
Well, you're dirt - y and sweet, clad in black,

                    E5
Don't look back, and I love ___ you.

   A5   E5
You're dirty and sweet, oh yeah.

Well, you're slim and you're weak,

      A5   E5
You've got the teeth of the hydra upon ___ you.

  A5   E5
You're dirty, sweet and you're my girl.

Chorus 1
      G5   A5   E5
Get it on. ___ Bang a gong. ___ Get it on.

      G5   A5   E5
Get it on. ___ Bang a gong. ___ Get it on.

	E5
Verse 2	Well, you're built ___ like a car,

                          A5   **E5**
You've got a hubcap diamond star ha - lo.

        A5   **E5**
You're built like a car, oh yeah.

                                           A5
Well, you're an untamed youth, that's the truth,

                        E5
With your cloak full of ea - gles.

        A5   **E5**
You're dirty, sweet and you're my girl.

Chorus 2	*Repeat Chorus 1*

                      E5
Verse 3   Well, you're wind - y and wild,

                 A5   **E5**
You've got the blues in your shoes and your stock - ings.

        A5   **E5**
You're windy and wild, oh yeah.

Well, you're built like a car,

        A5   **E5**
You've got a hubcap diamond star ha - lo.

        A5   **E5**
You're dirty, sweet and you're my girl.

Chorus 3	*Repeat Chorus 1*
Interlude 1	| E5 | | | |
	| | | | |

Verse 4

         E5
Well, you're dirt - y and sweet, clad in black,
 A5   E5
 Don't look back and I love __ you.
  A5   E5
You're dirty and sweet, oh yeah.

Well, you dance when you walk,
      A5   E5
So let's dance, ____ take a chance, understand ____ me.
  A5   E5
You're dirty, sweet and you're my girl.

Chorus 4

   G5   A5   E5
Get it on. ____ Bang a gong. ____ Get it on.
   G5   A5   E5
Get it on. ____ Bang a gong. ____ Get it on. Ow!
   G5   A5   E5
Get it on. ____ Bang a gong. ____ Get it on. Ow!

Interlude 2 | E5 | | |

Sax Solo | E5 | | |

Chorus 5

   G5   A5
Get it on. ____ Bang a gong. ____ Get it on.
E5
 Uh, uh, uh, uh, uh, uh.
   G5   A5
Get it on. ____ Bang a gong. ____ Get it on.
E5
 Uh, uh, uh, uh, uh.
   G5   A5
Get it on. ____ Bang a gong. ____ Get it on.
E5
 Uh, uh, uh, uh, uh, uh.
   G5   A5   E5
Get it on. ____ Bang a gong. ____ Get it on. *Take me.*

Outro | G5 | A5 | E5 | |
       ||: E5 | :|| *Repeat and fade*

Barbara Ann

Words and Music by
Fred Fassert

Melody:

Ba,   ba,   ba,   ba, ____ Ba - b'ra Ann.

F#   B   C#

C#   F#   A#   D#   F#   B   C#   E#   G#

Chorus 1

N.C.
(Ba, ba, ba, ba, Ba'bra Ann.

Ba, ba, ba, ba, Ba'bra Ann.)

     F#   **B**
Ba'bra Ann, take my hand.

     F#   **C#**
Ba'bra Ann, you got me rockin' and a rollin',

B   **F#**
Rock - in' and a reelin', Ba'bra Ann,

Ba, ba, ba, Ba'bra Ann.

Verse 1

F#
Went to a dance, lookin' for romance,

Saw Ba'bra Ann, so I thought I'd take a chance.

     B
Oh, Ba'bra Ann, Ba'bra Ann, take my hand.

     F#
Oh, Ba'bra Ann, Ba'bra Ann, take my hand.

     C#
You got me rockin' and a rollin',

     B   **F#**
Rock - in' and a reelin', Ba'bra Ann,

Ba, ba, ba, Ba'bra Ann.

Chorus 2   *Repeat Chorus 1*

                  F♯
Verse 2   Played my fav'rite tune, danced with Betty Lou,

                 Tried Peggy Sue, but I knew they wouldn't do.

                     B
                 Oh, Ba'bra Ann, Ba'bra Ann, take my hand.

                    F♯
                 Oh, Ba'bra Ann, Ba'bra Ann, take my hand.

                    C♯
                 You got me rockin' and a rollin',

                 B   **F♯**
                 Rock - in' and a reelin', Ba'bra Ann,

                 Ba, ba, ba, Ba'bra Ann.

Chorus 3   *Repeat Chorus 1*

Be-Bop-a-Lula

Words and Music by Tex Davis
and Gene Vincent

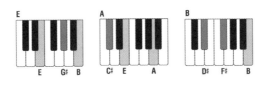

Chorus 1

     E
Well, Be-Bop-a-Lula, she's my baby.

Be-Bop-a-Lula, I don't mean maybe.

A
  Be-Bop-a-Lula, she's my baby.

E
  Be-Bop-a-Lula, I don't mean maybe.

B   **A**   **E**
  Be-Bop-a-Lula, she - e - 's my baby doll,

My baby doll, my baby doll.

Verse 1

           E
Well, she's the girl in the red blue jeans.

Ah, she's the queen of all the teens.

Ah, she's the woman that I know.

Ah, she's the woman that loves me so, say.

Chorus 2

    A
      Be-Bop-a-Lula, she's my baby.

    E
      Be-Bop-a-Lula, I don't mean maybe.

    B   A   E
      Be-Bop-a-Lula, she - e - 's my baby doll,

    My baby doll, my baby doll. Let's rock!

Solo 1

E					
A			E		
B	A	E			

Verse 2

          E
Well, now she's the one that's got that beat.

She's the one with the flyin' feet.

She's the one that walks around the store.

She's the one that gets more and more.

Chorus 3   *Repeat Chorus 2*

Solo 2   *Repeat Solo 1*

Chorus 4

          E
Well, Be - Bop-a-Lula, she's my baby.

Be-Bop-a-Lula, I don't mean maybe.

A
    Be-Bop-a-Lula, she's my baby.

E
    Be-Bop-a-Lula, I don't mean maybe.

B   A   E
    Be-Bop-a-Lula, she - e - 's my baby doll,

My baby doll, my baby doll.

Before You Accuse Me

(Take a Look at Yourself)

Words and Music by
Ellas McDaniels

Melody:

Be - fore you ac-cuse _ me,

E7   B7   A7

D E   G♯ B   D♯ F♯ A B   C♯ E G A

Intro | E7 | B7 | E7

Verse 1

　　　　　E7
Be-fore you accuse me,

　A7　　　　　　　　E7
　Take a look at your-self.

　　A7
Be-fore you accuse me,

　　　　　　　E7
　Take a look at your-self.

　　　　B7
You said I'm spendin' my money on other women,

　A7　　　　　　　　　　　　　　E7　　　B7
　Been takin' money from someone else.

Verse 2

　E7
I called your mama

　A7　　　　　　　　E7
　'Bout three or four nights a-go.

　　A7
I called your mama

　　　　　　　E7
　'Bout three or four nights a-go.

　　B7
Your mama said, "Son, don't

　A7　　　　　　E7　　　B7
Call my daughter no more!"

Verse 3	*Repeat Verse 1*
Guitar Solo 1	*Repeat Verse 1 (Instrumental)*

Verse 4

E7
Come on back home, baby.

A7   **E7**
   Try my love one more __ time.

    A7
Come on back home, baby.

               E7
   Try my love one more __ time.

           B7
You know, I don't __ know when to quit you.

A7   **E7**   **B7**
   I'm gonna lose my mind!   *Robert!*

Guitar Solo 2	*Repeat Verse 1 (Instrumental)*
Verse 5	*Repeat Verse 3*

Outro

E7	A7	E7		
A7		E7		
B7	A7	E7		

Blue Suede Shoes

Words and Music by
Carl Lee Perkins

Melody:

Well, it's a one for the mon- ey,

A   D9   E9

C♯ E A   C E F♯ A   D F♯ G♯ B

Verse 1

N.C.   A
Well, it's a one for the money,   two for the show.

Three to get ready, now go, cat, go.
       D9   A
But don't __ you step on my blue suede shoes.
       E9
Well, you can do anything,
                    A
But stay off of my blue suede shoes.

Verse 2

               A
Well, you can knock me down, step in my face.

Slander my name all over the place.

Well, do anything that you wanna do.
       N.C.   A
But uh-uh, honey, lay off __ of them shoes.
       D9   A
And don't __ you step on my blue suede shoes.
       E9
Well, you can do anything,
                    A
But stay off of my blue suede shoes. *Let's go cats!*

Guitar Solo 1

A					

Aw, walk the dog!

D9		A		

E9		A		

Verse 3
                                   A
Well, you can burn my house, steal my car.

Drink my liquor from an old fruit jar.

Well, do anything that you wanna do,
          N.C.   **A**
But uh-uh, honey, lay off __ of my shoes.
               D9   **A**
And don't __ you step on my blue suede shoes.
               E9
Well, you can do anything,
                             A
But stay off of my blue suede shoes. Rock it!

Guitar Solo 2
A			A				
D9		A					
E9		A					

Verse 4
                           A
Well, it's a one for the money, two for the show.
N.C.
Three to get ready, now go, go, go.
               D9   **A**
But don't __ you step on my blue suede shoes.
               E9
Well, you can do anything,
                             A
But stay off of my blue suede shoes.

Outro
                          A
Well, it's   blue, blue, blue suede shoes.

Blue, blue, blue suede shoes, yeah.
D
  Blue, blue, blue suede shoes, baby.
A
  Blue, blue, blue suede shoes.
               E9
Well, you can do anything
                           A
But stay off of my blue suede shoes.

Bye Bye Love

Words and Music by Felice Bryant
and Boudleaux Bryant

Bye   bye   love.

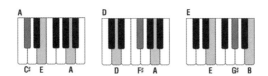

Intro		|A|		|D |A|	

Chorus 1

  D   **A**
Bye bye, love.

  D   **A**
Bye bye, happiness.

  D   **A**
  Hello loneliness.

        E   **A**
I think I'm gonna cry.

  D   **A**
Bye bye, love.

  D   **A**
Bye bye, sweet caress.

  D   **A**
  Hello emptiness.

        E   **A**
I feel like I could die.

          E   **A**
Bye bye, my love, good-bye.

Verse 1

N.C.   E
There goes my baby

A
With someone new.

E
She sure looks happy,

A
I sure am blue.

D
She was my baby

E
Till he stepped in.

Goodbye to romance

A
That might have been.

Chorus 2   *Repeat Chorus 1*

Verse 2

E
I'm through with romance,

A
I'm through with love.

E
I'm through with counting

A
The stars a-bove.

D
And here's the reason

E
That I'm so free,

My loving baby

A
Is through with me.

Chorus 3

> **D**   **A**
> Bye bye, love.
>
> **D**   **A**
> Bye bye, happiness.
>
> **D**   **A**
>   Hello loneliness.
>
>   **E**   **A**
> I think I'm gonna cry.
>
> **D**   **A**
> Bye bye, love.
>
> **D**   **A**
> Bye bye, sweet caress.
>
> **D**   **A**
>   Hello emptiness.
>
>   **E**   **A**
> I feel like I could die.
>
>   **E**   **A**
> ‖: Bye bye, __ my love, good-bye.:‖   ***Repeat and fade***

Can't You See

Words and Music by
Toy Caldwell

Melody:

Gon-na take a freight train   down at the

D	Dsus2	G
D F♯ A	E F♯ A	D G B

Intro ‖: D | Dsus2/C | G | D :‖ *Play 5 times*

Verse 1
D
Gonna take a freight train,   Dsus2/C
                              down at the station, Lord,

G   D
    I don't care where it goes.

                         Dsus2/C
Gonna climb a mountain,   the highest mountain.

G   D
    I jump off, nobody gonna know.

Chorus 1
                    D   Dsus2/C
Can't you see, ___ whoa, can't you see

        G   D
What that woman, Lord, she been doin' to me?

                    Dsus2/C
Can't you see, can't you see

        G   D
What that woman, she been doin' to me?

Verse 2

    D   **Dsus2/C**
    I'm gonna find me   a hole in the wall,

    G   **D**
    I'm gonna crawl inside and die.

                  Dsus2/C
Come later now,   a mean old woman, Lord,

    G   **D**
    Never told me goodbye.

Chorus 2   *Repeat Chorus 1*

Guitar Solo 1   ‖: **D** | **Dsus2/C** | **G** | **D**   :‖

Verse 3

    D   **Dsus2/C**
    I'm gonna buy a ticket now,   as far as I can

    G   **D**
    Ain't never comin' back.

                  Dsus2/C
Grab me a southbound   all the way to Georgia now,

    G   **D**
    Till the train, it run out of track

Chorus 3   *Repeat Chorus 1*

Guitar Solo 2   *Repeat Guitar Solo 1*

Chorus 4

      D   **Dsus2/C**
Can't you see, whoa, ____ can't you see

      G   **D**
What that woman, Lord, she been doin' to me?

              Dsus2/C
Can't you see, whoa, can't you see

      G   **D**
What that woman, she been doin' to me?

                 Dsus2/C
(Can't you see.) Oh, she's such a cra - zy lady.

      G   **D**
(What that woman.)What that woman, she been doin' to me?

               Dsus2/C
(Can't you see) Lord, I can't stand it no ____ more.

      G   **D**
(What that woman.) Oh, she's been doin' to me.

Verse 4

          D
(Can't you see) ____ I'm gonna take a freight train

         D/C
(Can't you see) ____ Down at the station, Lord

      G   **D**
(What that woman) Ain't never comin' back. ____ Oh, no.

(Can't you see) Gonna ride me a southbound, now,

        D/C
(Can't you see) ____ All the way to Georgia, Lord

      G   **D**
(What that woman) Till the train, it run out a track.

Guitar Solo 3   *Repeat Guitar Solo 1*

Outro | D | Dsus2/C | G | D   ‖

Cecilia

Words and Music by
Paul Simon

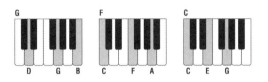

Intro |N.C.(Percussion) | | | |

Chorus 1

N.C.
Celia, you're breaking my heart,

                              G
You're shaking my confidence daily.

      F **C**   **F**   **C**
Oh, Ce - cil - ia, I'm down on my knees,

      F   **C**   **G**
I'm begging you please ___ to come home.

Chorus 2

C   **F**   **C**
Celia, you're breaking my heart,

      F   **C**   **G**
You're shaking my con - fidence daily.

      F **C**   **F**   **C**
Oh, Ce - cil - ia, I'm down on my knees,

      F   **C**   **G**
I'm begging you please ___ to come home,

      C
Come on home.

Verse 1

     C   F C
Making love in the af - ternoon

                F C G   C
With Cecilia up in my bed - room,

                F   C
I got up to wash my face.

When I come back to bed,

F   C   G   C
Some - one's taken my place.

Chorus 3   *Repeat Chorus 2*

Bridge

N.C.   G
  Oh, oh, oh, oh, oh, oh, oh, oh, oh, oh, oh, oh, oh, oh.

Interlude

C		F	C	F	C	G	
F	C	F	C	F	C	G	

Chorus 4

       F C   F   C
Jubi - la - tion, she loves me again,

   F   C   G
I fall on the floor ____ and I laugh - ing.

       F C   F   C
Jubi - la - tion, she loves me again,

   F   C   G
I fall on the floor ____ and I laugh - ing.

Outro

         F C   F   C
‖: Oh, oh, oh, oh, oh, oh, oh, oh, oh.

   F   C   G
Oh, oh, oh, oh, oh, oh, oh, oh, oh. :‖ *Repeat and fade*

Chantilly Lace

Words and Music by
J.P. Richardson

Melody:

Chan - til - ly   lace ___

B7   E   A

D♯ F♯ A B   E G♯ B   C♯ E   A

Intro   Hello, baby.

Verse 1
    B7
    Ya, this is the Big Bopper speakin'.
E   B7
    Ha, ha, ha, ha, ha, ha.
                  E
Oh, you sweet thing!
         A
Do I what?
      E
Will I what?
     B7   E
Oh, baby, you know what I like!

Chorus 1
           B7
Chantilly lace___ and a pretty face
           E
And a pony tail___ a hangin' down,
        B7
A wiggle in her walk and a giggle in her talk,
E
Make the world go 'round.
        A
There ain't nothin' in the world like a big eyed girl
         E
To make me act so funny, make me spend my money,
        B7
Make me feel real loose like a long necked goose,
      E   N.C.
Like a girl. *Oh, baby, that's a what I like.*

Verse 2

      B7
       What's that baby?

    E   **B7**
     But, but, but,

    E   **A**   **E**
     Oh, honey,

      B7   **E**
  But, oh baby, you know what I like!

Chorus 2   *Repeat Chorus 1*

Verse 3

    B7
     What's that honey?

    E
     Pick you up at eight?

         B7   **E**
  And don't be late?

       A   **E**
  But, baby, I ain't got no money, honey!

  Ha, ha, ha, ha, ha.
     B7
  Oh, alright, honey, you know what I like!

Chorus 3   *Repeat Chorus 1*

Dizzy Miss Lizzie

Words and Music by
Larry Williams

Melody:

You make me diz - zy Miss   Liz - zy

A — C# E A

D — D F# A

E7 — D E G# B

Intro

| A | | | | |

| D | | A | | |

| E7 | D | A | E7 | |

Verse 1

                                          A
You make me dizzy Miss Lizzy

The way you rock and roll.

                        D
You make me dizzy Miss Lizzy

            A
The way you do the stroll.

            E7
Come on, Miss Lizzy

D   **A**   **E7**
Love me before I get too old.

Verse 2

                        A
Come on, give me fever

Put your little hand in mine.

                        D   **A**
You make me dizzy miss Lizzy, girl you look so fine.

            E7   **D**   **A** **E7**
Just a rocking and a rolling, girl I said I wish you were mine.

Interlude 1	*Repeat Intro*

Verse 3

                  A
You make me dizzy Miss Lizzy

When you call my name.

                D
You make me dizzy Miss Lizzy

              A
Say you're driving me insane.

       E7
Come on, Miss Lizzy

D   **A**   **E7**
I wanna be your loving man.

Interlude 2	*Repeat Intro*
Verse 4	*Repeat Verse 2*

Verse 5

                  A
You make me dizzy Miss Lizzy

When you call my name.

                D
You make me dizzy Miss Lizzy

              A
Say you're driving me insane.

       E7
Come on, Miss Lizzy

D   **A**   **D**   **A**
I wanna be your loving man.

Donna

Words and Music by
Ritchie Valens

Oh, _____ Don - na,...

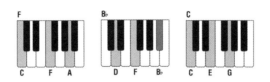

Intro

      F   Bb C
Oh, Donna, oh, Donna.

      F   Bb C
Oh, Donna, oh, Donna.

Verse 1

      F
   I had a girl,

Bb   C
Donna was her name.

      F
  Since she left me,

        Bb   C
I've never been the same

           F
'Cause I love my girl.

Bb   C   F
Donna, where can you be,

Bb   C
Where can you be?

Verse 2

  F
  Now that you're gone,

   B♭   C
I'm left all a-lone.

  F
  All by myself

   B♭   C
To wonder and roam

        F
'Cause I love my girl.
B♭   C   F
Donna, where can you be,
B♭   F
Where can you be?

Bridge

        B♭
Oh well, darling,

Now that you're gone,

    F
I don't know what I'll do.

  B♭
Oh, time had all my love

  C
For you, mm.

Verse 3

Repeat Verse 1

Outro

F   B♭ C
Oh, Donna, oh, Donna.
F   B♭ C
Oh, Donna, oh, Donna.
F
Oh.

Dreams

Words and Music by
Stevie Nicks

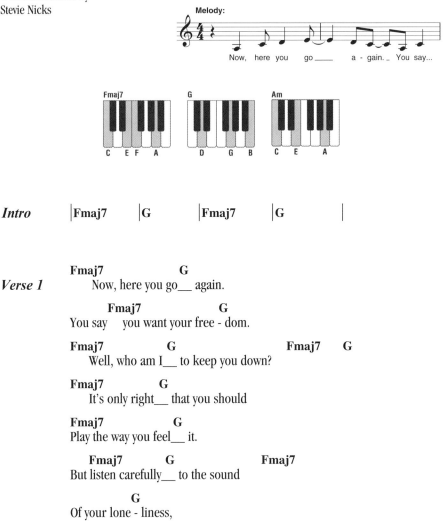

Melody:

Now, here you go ___ a - gain. __ You say...

Intro |Fmaj7 |G |Fmaj7 |G |

Verse 1

  Fmaj7   **G**
  Now, here you go__ again.

    Fmaj7   **G**
You say you want your free - dom.

Fmaj7   **G**   **Fmaj7** **G**
  Well, who am I__ to keep you down?

Fmaj7   **G**
  It's only right__ that you should

Fmaj7   **G**
Play the way you feel__ it.

  Fmaj7   **G**   **Fmaj7**
But listen carefully__ to the sound

     G
Of your lone - liness,

Fmaj7   G
Like a heartbeat, drives you mad,

     F   G
In the still - ness of remem-bering

      Fmaj7 G   Fmaj7 G
What you had   and what you lost,

      Fmaj7 G   Fmaj7 G
And what you had   and what you lost.

      Fmaj7   G   Fmaj7 G
Chorus 1 Oh, thunder only hap - pens when it's rain - ing.

 Fmaj7   G   Fmaj7 G
Players only love__ you when they're play - ing.

   Fmaj7   G   Fmaj7 G
Say, women, they will come__ and they will go.

 Fmaj7   G   Fmaj7 G
When the rain washes__ you clean, you'll know.

    Fmaj7
You'll know.

Solo | Fmaj7 | G | Fmaj7 | |
      | Am   G| | Fmaj7 | |

Verse 2

Fmaj7   **G**
Now, here I go__ again.

Fmaj7   **G**
I see   the crystal vis - ions.

Fmaj7   **G**   **Fmaj7**   **G**
I keep my vis - ions to myself.

Fmaj7   **G**
It's only me__ who wants to

Fmaj7   **G**
Wrap around your dreams.

Fmaj7   **G**   **Fmaj7**
And have you any dreams__ you'd like to sell?

         G   **Fmaj7**   **G**
Dreams of lone - liness, like a heartbeat, drives you mad,

    Fmaj7   **G**
In the still - ness of remem-bering

      Fmaj7 **G**   **Fmaj7**   **G**
What you had   and what you lost

        Fmaj7   **G**   **Fmaj7**   **G**
And what you had   and what you lost.

Chorus 2   ***Repeat Chorus 1***

Outro

G   **Fmaj7**
You will know.

G   **Fmaj7**
Oh,__ you'll know.

Get Back

Words and Music by John Lennon
and Paul McCartney

Melody: Jo - Jo was a man who thought _ he was a lon - er,

A — C# E A

G — D G B

D — D F# A

Intro
|A | | | G D|

Verse 1

A
Jo-Jo was a man who thought he was a loner,

D   A
But he knew it couldn't last.

Jo-Jo left his home in Tucson, Arizona

D   A
For some California grass.

Chorus 1

A
Get back, get back,

D   A   G   D
Get back to where you once belonged.

A
Get back, get back,

D   A
Get back to where you once belonged.

Get back, Jo-Jo.

| Solo 1 | ‖: A | | | D | A G D :‖ |

Chorus 2

    A
Get back, get back,

    D   A   G   D
Get back to where you once belonged.

    A
Get back, get back,

    D   A
Get back to where you once belonged.

         A
Get back, Jo-Jo.

Solo 2   *Repeat Solo 1*

Verse 2

A
Sweet Loretta Martin though she was a woman,

D   A
But she was another man.

All the girls around her say she's got it coming

D   A
But she gets it while she can.

Chorus 3

    A
Get back, get back,

    D   A   G   D
Get back to where you once belonged.

    A
Get back, get back,

    D   A
Get back to where you once belonged.

Get back, Loretta.

Solo 3   *Repeat Solo 1*

    A
Chorus 4   Get back, get back,

    D   A   G   D
Get back to where you once belonged.

    A
Get back, get back,

    D
Get back to where you once belonged.   Ooh.

‖: A | |D |A   G D :‖ *Repeat and fade*
         Get back.

Evil Ways

Words and Music by
Sonny Henry

You got   to change your   e - vil   ways,

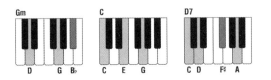

Intro

|Gm   C |Gm   C |Gm   C |

Verse 1

Gm   C   Gm C Gm   C
    You got to change your evil ways,   baby,

Gm   C   Gm   C
    Before I start lovin' you.

          Gm   C Gm   C
You got to change,   baby,

Gm   C   Gm   C
    And ev'ry word that I say is true.

          Gm   C   Gm   C
You got me runnin'   and hid - in' all over town.

          Gm   C
You got me sneakin' and a peepin'

          Gm   C   D7
And runnin' me down.   This can't go on.

    N.C.   Gm   C
    Lord knows, you got to change,

Gm C Gm   C   Gm   C
Baby,   baby.

Verse 2

                                Gm   C   Gm   C
When I come home,   baby,

Gm   **C**   **Gm**   **C**
My house is dark and my thoughts are cold.

              Gm   C Gm C
You hang a - round,   baby,

Gm   **C**   **Gm**   **C**
With Gene and Joan and a who knows who.

           Gm   C   Gm   **C**
I'm getting' tired of waitin' and foolin' around.

           Gm   **C**   **Gm**   **C**
I'll find some - body that won't make me feel like a clown.

            D7 N.C.   **Gm**   **C Gm C**
This can't go on. Lord knows you got to change.

Organ Solo   ‖: Gm C |Gm C :‖ *Play 8 times*

              |Gm C |N.C.(Gm) |Gm C |N.C.(Gm) |

Verse 3

                      Gm   C   Gm   C
When I come home,   baby,

Gm   **C**   **Gm**   **C**
My house is dark and my thoughts are cold.

             Gm   C Gm C
You hang a - round,   baby,

Gm   **C**   **Gm**   **C**
With Gene and Joan and a who knows who.

           Gm   C   Gm   **C**
I'm getting' tired of waitin' and foolin' around.

           Gm7   **C**   **Gm**   **C**
I'll find some - body that won't make me feel like a clown.

            D7 N.C.   **Gm C Gm C Gm C**
This can't go on. Yeah, yeah, yeah!

Gm   **C**
Hey, hey!

Outro
Guitar Solo   ‖: Gm C |Gm C :‖ *Repeat and fade*

The First Cut Is the Deepest

Words and Music by
Cat Stevens

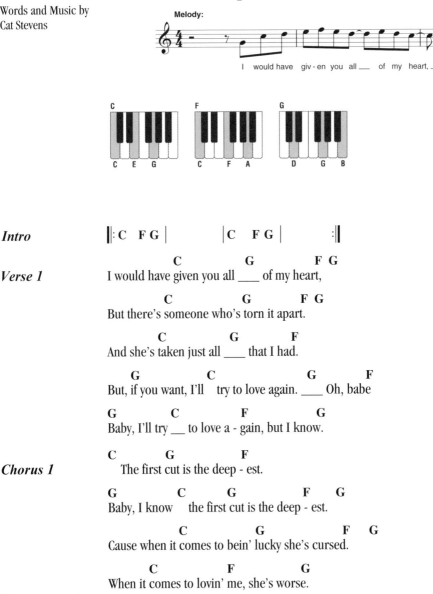

Melody:

I would have giv-en you all ___ of my heart, _

Intro

‖: C F G │   │C F G │   :‖

Verse 1

                 C   G   F G
I would have given you all ___ of my heart,

                        C   G   F G
But there's someone who's torn it apart.

                      C   G   F
And she's taken just all ___ that I had.

         G   C   G   F
But, if you want, I'll   try to love again. ___ Oh, babe

G   C   F   G
Baby, I'll try __ to love a - gain, but I know.

Chorus 1

         C   G   F
    The first cut is the deep - est.

G   C   G   F   G
Baby, I know   the first cut is the deep - est.

                      C   G   F   G
Cause when it comes to bein' lucky she's cursed.

           C   F   G
When it comes to lovin' me, she's worse.

Verse 2

```
            C          G        F  G
I still want you by ___ my side.

            C          G            F  G
Just to help me dry the tears that I cried.

            C        G         F
And I'm sure gonna give you a try.

        G          C          G    F
And, if you want, I'll try to love again.

G        C        F            G
Baby, I'll try __ to love a - gain, but I know.
```

Chorus 2   *Repeat Chorus 1*

Guitar Solo   *Repeat Verse 1 (Instrumental)*

Verse 3   *Repeat Verse 2*

Chorus 3   *Repeat Chorus 1*

Intro | C   F G | | C   F G | ‖

THREE CHORD SONGS

409

Words and Music by Brian Wilson,
Gary Usher and Mike Love

Melody:

She's real fine, my four - o - nine. _

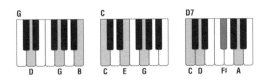

Intro

N.C.
She's real fine, my four-o-nine.

She's real fine, my four-o-nine,

G
My four-o-nine.

Verse 1

G
Well, I saved my pennies and I saved my dimes.

(Giddy-up, giddy-up four-o-nine.)

C
For I knew there would be a time

G
(Giddy-up, giddy-up four-o-nine.)

D7   C   G
When I would buy a brand ___ new four-o-nine.

Chorus 1

G
Giddy-up, giddy-up, giddy-up four-o-nine.

           C
Giddy-up four-o-nine.

           G
Giddy-up four-o-nine.

Giddy-up four-o...

D7
Nothing can catch her,

C   G
Nothing can touch my four-o-nine, four-o-nine.

Guitar Solo

G
(Oo, giddy-up, giddy-up.

Oo, giddy-up, giddy-up.

C
Oo, giddy-up, giddy-up.

G   D7   C   G
Oo, giddy-up, giddy-up.)

Verse 2

G
When I take her to the drag, she really shines.

(Giddy-up, giddy-up four-o-nine.)

    C
She always turns in the fastest time.

 G
(Giddy-up, giddy-up four-o-nine.)

    D7   C   G
My four-speed, dual quad, posi-traction four-o-nine.

Chorus 2

Repeat Chorus 1

Outro

G
‖: Giddy-up four-o-nine.   :‖ ***Repeat and fade***

Give Me One Reason

Words and Music by
Tracy Chapman

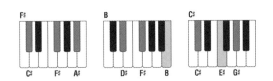

Intro

F#	B	C#	F#		
B		C#	F#		
C#	B		F#		

Verse 1

F#
Give me one reason to stay here

B   C#   F#
   And I'll__ turn right back a-round.

B
Give me one reason to stay here

     C#   F#
And I'll__ turn right back a-round.

    C#
Said I don't wanna leave you lonely,

B   F#
   You got to make me change my mind.

Verse 2

    F#
Baby, I got your number,

    B   **C#**   **F#**
    Oh, and I know that a you got mine.

    B
You know that I called you,

    C#   **F#**
I call too many times.

        C#
You can call me baby,

        B
You can call me anytime.

        F#
You got to call me.

Verse 3

    F#
Give me one reason to stay here

    B   **C#**   **F#**
    And I'll__ turn right back a-round.

(You can see the turn in me.)

Give me one reason to stay here

    B   **C#**   **F#**
    And I'll__ turn right back a-round.

(You can see the turn in me.)

        C#
Said I don't wanna leave you lonely,

    B   **F#**
    You got to make me change my mind.

Verse 4   **F#**
I don't want no one to squeeze me,

    B   **C#**   **F#**
    They might take away my life.

I don't want no one to squeeze me,

    B   **C#**   **F#**
    They might take away my life.

       C#
I just want someone to hold me,

    B   **F#**
    Oh, and rock me through the night.

Interlude   ***Repeat Verse 4 (Instrumental)***

Verse 5   **F#**
This youthful heart can love you,

    B   **C#**   **F#**
    Yes, and give you what you need.

        B
I said this youthful heart can love you,

   C#   **F#**
    Ho, and give you what you need.

       C#
But I'm too old to go chasin' you around,

    B   **F#**
    Wastin' my precious energy.

Verse 6

F#

Give me one reason to stay here,

B   C#   F#

Yes, now turn right back a-round.

(Around. You can see the turn in me.)

Give me one reason to stay here,

B   C#   F#

Oh, I'll turn right back a-round.

(You can see the turn in me.)

      C#

Said I don't wanna leave you lonely,

B   F#

You got to make me change my mind.

Verse 7

F#

Baby, just give me one reason,

B   C#   F#

Oh, give me just one reason why.

B

Baby, just give me one reason,

C#   F#

Oh, give me just one reason why,

I should stay.

      C#

Said I told you that I loved you,

B   N.C.   F#

And there ain't no more to say.

Gloria

Words and Music by
Van Morrison

Melody:

Like to tell you 'bout __ my ba - by.

E   D   A

Intro   ‖: E   D   A |E   D   A :‖

Verse 1
                        E   D   A
        Like to tell you 'bout my baby.

        E   D   A   E   D   A
        You know she comes around.

        E   D   A   E   D   A
        Just 'bout five feet four,

        E   D   A   E   D   A
        A from her head to the __ ground.

        E   D   A   E   D   A
        You know she comes around ___ here,

        E   D   A   E   D   A
        A just a-bout midnight.

        E   D   A   E   D   A
        She make me feel so good, Lord.

        E   D   A E   D   A
        She make me feel al - right.

        E   D   A
        And her name is

        E   D A E   D A E   D A E   D A E
        G   L,   O,   R,   I.

        D A E   D A E
        G, L, O, R, I, A.

```
                    E    D   A   E          D A E
Chorus 1        (Glo  -  ri - a.) G, L, O, R, I,  A.
                         D   A   E          D       A E
                (Glo  -  ri - a.) I'm gonna shout it all __ night.
                         D   A   E          D       A E
                (Glo  -  ri - a.) I'm gonna shout it ev'-ry day.
                         D   A   E                D   A   E
                (Glo  -  ri - a.) Yeah, yeah, yeah, yeah, yeah, yeah, yeah.
                 | E        D    A  | E      D    A    |

Interlude       ‖: E    D    A    D  | E    D    A    D  :‖  Play 3 times
                ‖: E        D    A  | E        D    A  :‖
                 | E                |                   |

                                    E
Verse 2         She comes around here, just about midnight.

                Ha, she make me feel so good, Lord.  I wanna say she make me feel alright.

                Comes walkin' down my street. Watch her come up to my house.

                You knock upon my door. And then she comes to my room.

                Then she make me feel alright.

                G, L, O, R, I, A.

                    E    D   A   E          D A E
Chorus 2        (Glo  -  ri - a.) G, L, O, R, I,  A.
                         D   A   E          D       A E
                (Glo  -  ri - a.) I'm gonna shout it all __ night.
                         D   A   E          D       A E
                (Glo  -  ri - a.) I'm gonna shout it ev'-ry day.
                         D   A   E          E       D   A    E
                (Glo  -  ri - a.) Yeah, yeah, yeah, yeah, yeah, so good.
                         D   A   E          D    A    E
                (Glo  -  ri - a.) Alright.    Just so good.
                         D   A   E          D    A    E
                (Glo  -  ri - a.) Alright. Yeah.
                 | E        D    A  | E      D    A    |

Outro            | E   D   A   D | E   D   A   D | E   D   A | E
```

Great Balls of Fire

Words and Music by Otis Blackwell
and Jack Hammer

Melody:

You shake my nerves and you rat - tle my brain.

Verse 1

C N.C.
You shake my nerves and you rattle my brain.

C N.C.
Too much love drives a man insane.

G7   F7 N.C.
You broke my will,   but what a thrill.

C N.C.
Goodness gracious, great balls of fire!

Verse 2

C
I laughed at love 'cause I thought it was funny.

F7
You came along and you moved me, honey.

G7   F7
I changed my mind,   love's just fine.

C N.C.
Goodness gracious, great balls of fire!

Bridge 1	**F7** Kiss me, baby.

Bridge 1

F7
Kiss me, baby.

    C
Woo,___ it feels good.

F7
  Hold me, baby.

G7
Well, I want to love you like a lover should.

You're fine, so kind,

Got to tell this world that you're mine, mine, mine, mine.

Verse 3

  C
  I chew my nails and I twiddle my thumb.

F7
  I'm real nervous but it sure is fun.

G7   **F7**
  Come on, baby, you're driving me crazy.

C N.C.
Goodness gracious, great balls of fire.

Solo

C		**F7**		
G7	**F7**	**C**		
		F7		
G7	**F7**	**C**		Well,

Bridge 2   *Repeat Bridge 1*

Verse 4

  C
  I chew my nails and I twiddle my thumb.

F7
  I'm real nervous but it sure is fun.

G7   **F7**
  Come on, baby, you're driving me crazy.

C N.C.   **C**
Goodness gracious, great balls of fire.

Hang On Sloopy

Words and Music by Wes Farrell
and Bert Russell

Hang ___ on, Sloo-py, Sloo-py, hang on. ___

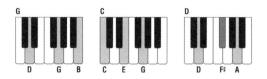

Intro
| N.C.(G) (C) | (D)   (C) |

Chorus 1
G   C   D   C   G C D C
Hang ___ on Sloopy, Sloopy hang on.

G   C   D   C   G C D C
Hang ___ on Sloopy, Sloopy hang on.

Verse 1
G   C   D   C   G C D C
Sloopy lives ___ in a very bad ___ part of town.

  G   C   D   C   G C D C
And ev'rybod - y here ___ tries to put my Sloopy down.

G   C   D   C   G C D C
Sloopy, I ___ don't care ___ what your Daddy do.

    G   C   D   C   G C D
'Cause you know, Sloopy, girl, ___ I'm in love with you.

And so I say now,

Chorus 2   *Repeat Chorus 1*

              G   C   D   C   G C D C

Verse 2   Sloopy wears a red dress, yeah, ___ as old as the hills.

                    G   C   D

But when Sloopy wears that red dress, yeah,

                  C   G   C D C

You know, it gives me the chills.

      G   C   D   C   G   C D C

Sloopy when I see you walk - in', walkin, down the street

             G   C   D   C   G C D

I say, "Don't worry, Sloopy, girl, ___ you be - long to me."

And so I say now,

Chorus 3   *Repeat Chorus 1*

Guitar Solo   ‖:N.C.(G) (C) |(D)   (C)   :‖ *Play 4 times*

Interlude   ‖:N.C.(G) (C) |(D)   (C)   :‖

Verse 3

```
G              C              D
Sloopy, let your hair down, girl.

        C              G C D C
Let it hang down on me.

G              C              D
Sloopy, let your hair down, girl.

        C              G  C  D
Let it hang down on me.

C      G          C          D
Come on, Sloopy. (Come on, come on.)

        C          G          C          D
Well, come on, Sloo - py. (Come on, come on.)

        C          G          C          D
Well, come on, Sloo-py. (Come on, come on.)

        C          G          C          D
Well, come on, Sloo-py. (Come on, come on.)

          C      G          C          D
Well, it feels so good. (Come on, come on.)

            C      G          C          D
You know it feels so good. (Come on, come on.)

              C          G          C          D
Well, shake it, shake it, shake it, Sloopy. (Come on, come on.)

              C          G          C          D
Well, shake it, shake it, shake it, yeah. Come on, come on.) ____ Ah.
```

Chorus 4   *Repeat Chorus 1*

Outro
```
G    C    D    C
Hang ____ on, Sloopy. Sloopy, hang on.

|G   C   |D   C   |G      ‖
```

I Love Rock 'n Roll

Words and Music by Alan Merrill
and Jake Hooker

Melody:

I saw him danc-in' there, _ by the rec-ord ma - chine.

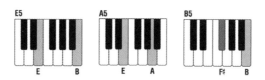

Intro

| E5 | | A5 | B5 | E5 | | |
| A5 | B5 A5 | E5 | | | | |

Verse 1

    E5
I saw him dancin' there, by the record machine.

                                        B5
I knew he must have been about seven-teen.

         A5   **B5** **E5**   **A5**
The beat was goin' strong, ___ playin' my favorite song.

And I could tell it wouldn't be long

               N.C.
Till he was with me, yeah, me.

And I could tell it wouldn't be long

               B5
Till he was with me, yeah, me. Singin',

Chorus 1

E5
I love rock 'n' roll,

    A5   B5
So put another dime in the jukebox, baby.

E5
I love rock 'n' roll,

    A5   B5   E5
So come and take your time and dance with me.   Ow!

Verse 2

         E5
He smiled, so I got up and asked for his name.

                                    B5
"That don't matter," he said, "'Cause it's all the same."

  A5   B5   E5   A5
I said, "Can I take ya home ___ where we can be a-lone?"

                                   N.C.
And next, we were movin' on, he was with me, yeah, me.

                                  B5
Next, we were movin' on, he was with me, yeah, me. Singin',

Chorus 2   *Repeat Chorus 1*

Guitar Solo | E5 | | | B5 |

Pre-Chorus

A5   B5   E5   A5
Said, "Can I take ya home ___ where we can be a-lone?"

Next, we were movin' on, he was with me, yeah, me.

                 N.C.
And we'll be movin' on, and singin' that same old song,

Yeah, with me, singin',

Chorus 3

N.C.
I love rock 'n' roll,

So put another dime in the jukebox, baby.

I love rock 'n' roll,

So come and take your time and dance with me.

Outro

E5
‖: I love rock 'n' roll,

A5   B5
So put another dime in the jukebox, baby.

E5
I love rock 'n' roll,

A5   B5
So come and take your time and dance with...:‖ *Play 3 times*

E5
I love rock 'n' roll,

A5   B5
So put another dime in the jukebox, baby.

E5
I love rock 'n' roll,

A5   B5   E5
So come and take your time and dance with me.

Hound Dog

Words and Music by Jerry Leiber
and Mike Stoller

Chorus 1

           C
You ain't nothin' but a hound dog a,

C-cryin' all the time.

        F7
You ain't nothin' but a hound dog a,

   C
Cryin' all the time.

   G7
Well, you ain't never caught a rabbit

 F7   **N.C.**
And you ain't no friend of mine.

Verse 1

              C
Well, they said you was high - classed.

Well, that was just a lie.

       F7
Yeah, they said you was high-class.

    C
Well, that was just a lie.

   G7
Well, you ain't never caught a rabbit

 F7   **N.C.**
And you ain't no friend of mine.

Chorus 2   *Repeat Chorus 1*

Solo 1

C				
F7		C		
G7	F7	C		

Verse 2   *Repeat Verse 1*

Solo 2   *Repeat Solo 1*

Verse 3   *Repeat Verse 1*

Chorus 3
                             C
You ain't nothin' but a hound dog a,

C-cryin' all the time.
                            F
You ain't nothin' but a hound dog a,
              C
Cryin' all the time.
              G7   **N.C.**
Well, you ain't never caught a rab-bit;
                   C
You ain't no friend of mine.

You ain't nothin' but a hound dog.

The House Is Rockin'

Written by Stevie Ray Vaughan
and Doyle Bramhall

Well, _ the house is a rock-in', but don't _ both-er knock-in'

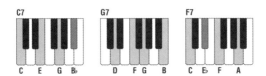

Intro   ‖: C7 | | | :‖

Chorus 1
C7
Well, the house is a rockin', but don't bother knockin'.

Yeah, the house is a rockin', but don't bother knockin'.

G7   **C7**
If the house is a rockin', don't bother, come on in.

Verse 1
C7
Kick off your shoes, start losin' the blues.

This old house ain't got nothin' to lose.

F7   **C7**
Seen it all for years, a start spreadin' the news.

G7   **C7**
We got room on the floor, come on, baby, shake somethin' loose!

Chorus 2   *Repeat Chorus 1*

Piano Solo   *Repeat Verse 1 (Instrumental)*

PIANO CHORD SONGBOOK

Guitar Solo	C7					
	F7		C7			
	G7					
	C7					

Chorus 2   *Repeat Chorus 1*

Verse 2

C7
Walkin' up the street, you can hear the sound

Of some bad honky tonkers really layin' it down.

         F7   C7
They've seen it all for years, they got nothin' to lose.

    G7   C7
So get out on the floor, shimmy till you shake somethin' loose!

Chorus 3   *Repeat Chorus 1*

Outro

    G7   C7
I said the house is a rockin', don't bother, come on in.

I Fought the Law

Words and Music by
Sonny Curtis

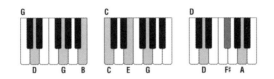

Intro

|G | |G |C D |
|G |D G D G |

Verse 1

G   C   G
A breakin' rocks in the   hot sun.

G   C   G
I fought the law and the   law won.

                   D   G
I fought the law and the   law won.

|C   D |G |D G D G |

Verse 2

G   C   G
I miss my baby and the   good fun.

G   C   G
I fought the law and the   law won.

                   D   G
I fought the law and the   law won.

|C   D |G |D G D G |

| | **C** |
| *Bridge 1* | I left my baby and I feel so bad. |

      G
I guess my race is run.

       C
Well, she's the best girl I ever had.

G   **C**   **G**
I fought the law and the   law won.

                   D   **G**
I fought the law and the   law won.

|**C**   **D** |**G** |**D** **G** **D** **G** |

Solo |**C** | |**G** | |
          |**C** | |**G** |**C**   **G** |
          | |**D** **G** |

| | **G**   **C**   **G** |
| *Verse 3* | Robbin' people with a   six gun. |

G   **C**   **G**
I fought the law and the   law won.

                   D   **G**
I fought the law and the   law won.

Verse 4   ***Repeat Verse 2***

Bridge 2   ***Repeat Bridge 1***

Kansas City

Words and Music by Jerry Leiber
and Mike Stoller

Intro | G7 | F7 | C | | |

Verse 1
             C
I'm goin' to   Kansas City,

Kansas City here I come.

           F7
I'm goin' to   Kansas City,

             C
Kansas City here I come.

          G7
They got a crazy way of lovin' there and

F7   **C**
I'm gonna get me some.

Verse 2
           C
I'm gonna be   standin' on the corner Twelfth Street and Vine.

         F7   C
I'm gonna be   standin' on the corner Twelfth Street and Vine,

     G7   F7   C
With my Kansas City baby and a bottle of Kansas City wine.

        C   F7
Well, I might take a train, I might take a plane,

        C
But if I have to walk, I'm goin' just the same.

           F7
I'm goin' to   Kansas City,

              C
Kansas City here I come.

         G7   F7   C
They got a crazy way of lovin' there and I'm gonna get me some.

Verse 3
           C
I'm goin' to   pack my clothes, leave at the crack of dawn.

          F   C
I'm goin' to   pack my clothes, leave at the crack of dawn.

     G7   F7   C
My old lady will be sleepin', she won't know where I'm gone.

        C   F7
'Cause if I stay with that woman, I know I'm gonna die.

        C
Gotta find a brand-new baby, and that's the reason why

        F7   C
I'm goin' to   Kansas City, Kansas City here I come.

         G7   F7   C
They got a crazy way of lovin' there and I'm gonna get me some.

La Bamba

By Ritchie Valens

Melody:

Pa - ra bai - lar La Bam - ba.

C   E   G

F   C   F   A

G   D   G   B

Intro |C   F   G| |C   F |G

Verse 1

N.C.   C   F   G
Para bailar La Bam - ba.

                         C   F   G
Para bailar La Bam - ba, se nece-sita

                 C   F   G
Un poca de gracia.

                 C   F   G
Una poca de gracia para mi para ti

                 C   F   G
Y arriba, arri - ba,

                 C   F   G
Y arriba, arri - ba, por ti se re,

                 C   F   G
Por ti se re, por ti se re.

                         C   F   G
Yo no soy mari-nero.

                         C   F   G
You no soy mari-nero, soy capi-tan,

                 C   F   G
Soy capitan,___ soy capi-tan.

Chorus 1

C   F   G
Bam-ba, bamba.

C   F   G
Bam-ba, bamba.

C   F   G
Bam-ba, Bamba.

C   F
Bam-ba.

Verse 2

G7 N.C.   C   F   G
    Para bailar La Bam - ba.

            C   F   G
Para bailar La Bam - ba, se nece-sita

         C   F   G
Un poca de gracia.

         C   F   G
Una poca de gracia para mi para ti

         C
Y arriba, arri - ba.

Solo

‖: C   F   G | :‖   ***Play 7 times***

Verse 3

         C   F   G
Para bailar La Bam - ba.

         C   F   G
Para bailar La Bam - ba, se nece-sita

         C   F   G
Un poca de gracia.

         C   F   G
Una poca de gracia para mi para ti

         C   F   G
Y arriba, arri - ba,

         C   F   G
Y arriba, arri - ba, por ti se re,

       C   F   G7
Por ti se re, por ti se re.

Outro

   C   F   G
‖: Bam-ba, bamba.

C   F   G
Bam-ba, bamba. :‖   ***Repeat and fade***

Lay Down Sally

Words and Music by Eric Clapton,
Marcy Levy and George Terry

Melody:

There is noth - ing that ___ is wrong ___

A

C# E A

D

D F# A

E

E G# B

Intro   ‖: A | | | :‖ *Play 4 times*

Verse 1

A
There is nothing that is wrong

      D
In wanting you to stay here with me.

 A
I know you've got somewhere to go,

       D
But won't you make yourself at home and stay with me?

    E
And don't you ever leave.

Chorus 1

A
Lay down, Sally,

 D
And rest you in my arms.

E   **A**
Don't you think you want someone to talk __ to?

Lay down Sally,

 D
No need to leave so soon.

E
I've been trying all night long

   A   **A**
Just to talk with you.

	A
Verse 2	The sun ain't nearly on the rise,

                                                             D
And we still got the moon and stars a-bove.

A
Underneath the velvet skies,

Love is all that matters;
             D
Won't you stay with me?
                 E
And don't you ever leave.

Chorus 2   *Repeat Chorus 1*

Guitar Solo   ‖: A | | | :‖ *Play 8 times*

	A
Verse 3	I long to see the morning light
	D
	Coloring your face so dreami-ly.
	A
	So don't you go and say goodbye.
	You can lay your worries down
	D
	And stay with me.
	E
	And don't you ever leave.

A
Verse 3
I long to see the morning light

             D
Coloring your face so dreami-ly.

  A
So don't you go and say goodbye.

You can lay your worries down

   D
And stay with me.

       E
And don't you ever leave.

A
Chorus 3
Lay down, Sally,

   D
And rest you in my arms.

E   **A**
Don't you think you want someone to talk __ to?

Lay down Sally,

     D
There's no need to leave so soon.

E
I've been trying all night long just to talk with you.

Chorus 4   *Repeat Chorus 3*

Outro   ‖: A ｜   ｜ :‖ *Repeat and fade*

Lively Up Yourself

Words and Music by
Bob Marley

Melody:

You're gon - na live - ly up your - self, ___

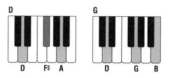

D   F♯   A   D   G   B

Intro

| N.C.(D) | (G) | (D) | | |
| | (G) | (D) | | |

Chorus 1

                D   **G**   **D**   **G**
You're gonna lively up yourself, ___ and don't be no drag.

       D   **G**   **D**   **G**
You lively up yourself, ___ oh, reggae is a-nother bag.

       D   **G**   **D**   **G**
You lively up yourself, ___ and don't say no.

                D   **G**   **D**
You're gonna lively up yourself, ___ 'cause I said so.

       G
Hear what you gonna do.

Verse 1

       D   **G**   **D**   **G**
You rock so you rock so,   like you never did before. Yeah.

       D   **G** **D**   **G**
You dip so you dip so,   dip through my door.

       D   **G** **D**   **G**
You come so you come so.   Oh, ___ yeah.

       D   **G**   **D** **G**
You skank so you skank so,   be alive to - day.

Chorus 2

          D   **G**   **D G**
You're gonna lively up yourself, ___ and don't say no.

      D   **G**   **D**   **G**
You lively up yourself, ___ big daddy says so, ___ y'all.

      D   **G**   **D**   **G**
You lively up yourself, ___ and don't be no drag.

      D   **G**   **D**   **G**
You lively up yourself, ___ 'cause reggae is a - nother bag.

Verse 2

D   **G**   **D G**
  What you got   that I don't know?

D   **G**   **D**
  I'm a tryin' to wonder,   wonder, won - der

                G   **D G**
Why you wonder,   wonder why you act so.

Interlude 1

| **D** | **G** | **D** | **G** | |
Yeah.

         D   **G**
Spoken: *Aye, did you hear what the man said?*

Chorus 3

D   **G**   **D**   **G**
Lively up your,   your woman in the morning time, ___ y'all.

D   **G**
Keep a lively up your woman when the evening come

         D   **G**
And take her, take you, take you, take you.

Interlude 2

D   G   D   G
Come on, baby, 'cause I, I wanna be lively myself, y'all.

‖: D | G | D | G   :‖ *Play 7 times*

Chorus 4

D   G   D G
Lively up yourself.

D   G   D G
Lively up yourself.

Sax Solo

               D   G
You're gonna rock so you rock so.

‖: D | G   :‖ *Play 7 times*

Verse 3

D   G D G
You rock so, you rock so.

D   G D G
You dip so, you dip so.

D   G   D   G
You skank so you skank so,   and don't be no drag.

D   G   D   G
You come so, you come so.   Oh, reggae is a - nother bag.

                                     D G
Spoken: Get what you get in that bag.

Outro

D   G   D G
What you got in that other bag you got hangin' there?

D   G
What you say you got?

D G   D G   D G
I don't believe you.   **Fade out**

Long Tall Sally

Words and Music by Enotris Johnson,
Richard Penniman and Robert Blackwell

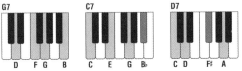

Verse 1

        G7 N.C.   G7 N.C.
Gonna tell Aunt Mary 'bout Uncle John.

G7 N.C.
Said he had the mis'ry, but he got a lot of fun.

     C7
Oh, ba - by,

           G7
Yeah now, ba - by.

        D7   C7   G7
Woo, ba - by,   some fun tonight.

Verse 2

        G7 N.C.   G7 N.C.
Well, I saw Uncle John with blond headed Sally.

G7 N.C.
He saw Aunt Mary comin' and he ducked back in the alley.

     C7
Oh, ba - by,

           G7
Yeah now, ba - by.

     D7
Woo, ba - by,

C7   G7
  Have some fun tonight. __ Ah!

Solo 1

G7				
C7		G7		
D7	C7	G7		

Verse 3

    G7 N.C.   **G7 N.C.**
Well, Long Tall Sally's built a,   a pretty sweet.

         G7 N.C.
She's got   ev'rything that Uncle John needs.

  C7
Oh, baby,

       G7
Yeah now, ba - by.

     D7
Woo, ba - by,

C7   **G7**
  Some fun tonight. __ Ah!

Solo 2   *Repeat Solo 1*

Outro

          G7
Well, we're gonna have some fun tonight.

We're gonna have some fun tonight.

  C7
Oo, __ ev'rything's all right.

       G7
Yeah, we'll have some fun tonight.

D7   **C7**   **G7**
Have some fun,   yeah.

Well, we're gonna have some fun tonight.

I said, we'll have some fun tonight.

  C7
Oo, __ ev'rything's all right.

      G7
Yeah, we'll have some fun tonight.

      D7   **C7**   **G7**
Yeah, we'll have some fun, __ some fun tonight.

Love Me Do

Words and Music by John Lennon
and Paul McCartney

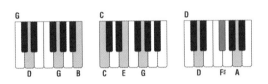

Intro | G | C | G | C | G | C | G | |

Chorus 1

G   **C**
Love, love me do.

    G   **C**
You know I love you.

    G   **C**
I'll always be true.

So please,

N.C.   **G**   **C**   **G**   **C**
Love me do. ____ Oh, love me do.

Chorus 2   *Repeat Chorus 1*

Bridge

D
Someone to love,

C   **G**
Somebody new.

D
Someone to love,

C   **G**
Someone like you.

Chorus 3

    G   C
Love, love me do.

        G   C
You know I love you.

      G   C
I'll always be true.

So please,

N.C.   G   C   G
Love me do. ____ Oh, love me do.

Solo

‖: D | | C | G   :‖

| | | | D |

Chorus 4

    G   C
Love, love me do.

        G   C
You know I love you.

      G   C
I'll always be true.

So please,

N.C.   G   C   G   C
Love me do. ____ Oh, love me do.

        G   C
‖: Yeah, love me do.

      G   C
Oh, love me do. :‖   *Repeat and fade*

Mellow Yellow

Words and Music by
Donovan Leitch

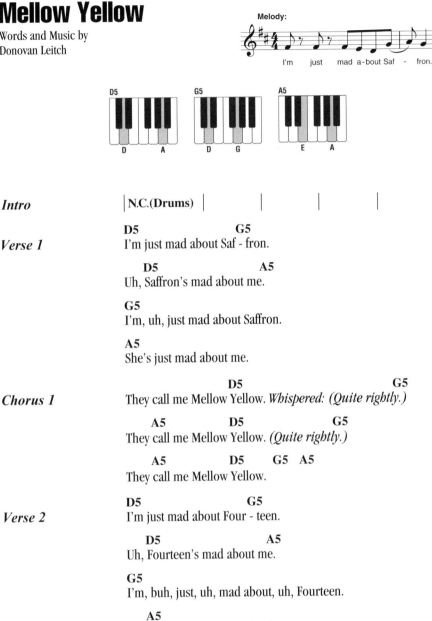

Melody:

I'm   just   mad a - bout Saf - fron.

Intro

| N.C.(Drums) | | | |

Verse 1

    D5   **G5**
I'm just mad about Saf - fron.

        D5   **A5**
Uh, Saffron's mad about me.

    G5
I'm, uh, just mad about Saffron.

    A5
She's just mad about me.

Chorus 1

                 D5   **G5**
They call me Mellow Yellow. *Whispered: (Quite rightly.)*

        A5   **D5**   **G5**
They call me Mellow Yellow. *(Quite rightly.)*

        A5   **D5**   **G5** **A5**
They call me Mellow Yellow.

Verse 2

    D5   **G5**
I'm just mad about Four - teen.

        D5   **A5**
Uh, Fourteen's mad about me.

    G5
I'm, buh, just, uh, mad about, uh, Fourteen.

        A5
Uh, she's just mad about me.

		D5 G5
Chorus 2		They call me Mellow Yellow.

       A5   D5   G5
They call me Mellow Yellow. *(Quite rightly.)*

       A5   D5   G5 A5
They call me Mellow Yellow.

D5   **G5**

Verse 3   Born ah, high forever to ___ fly.

      D5   **A5**
Uh, wind, uh, velocity: nil.

G5
Born, ah, high forever to fly,

A5
If you want, your cup I will fill.

                  D5   **G5**

Chorus 3   They call me Mellow Yellow. *Whispered: (Quite rightly.)*

       A5   D5   G5
They call me Mellow Yellow. *(Quite rightly.)*

       A5   D5   G5
They call me Mellow Yellow.

A5
  So mellow, yellow fellow.

Horn Solo   *Repeat Verse 1 (Instrumental)*

D5	G5	A5	D5	G5	A5

| D5 | G5 $\frac{2}{4}$ | | $\frac{4}{4}$ A5 | | |

Verse 4

D5   G5
Electrical ba - nana

D5   A5
Is gonna be a sudden craze.

G5   A5
Electrical banana is bound to be the very next phase.

Chorus 4   *Repeat Chorus 1*

Verse 5

D5   G5
Eh, Saffron.   Eh, yeah.

D5   A5
I'm just mad about her.

       G5
Well, I'm, huh, just, uh, mad about, uh, Saffron.

A5
She's just mad about me.

Chorus 5

                 D5   G5
They call me Mellow Yellow. *(Quite rightly.)*

     A5   D5   G5
They call me Mellow Yellow. *(Quite rightly.)*

      A5   D5   G5 A5
(They call me …) Oh, so ____ yellow.

  D5   G5 A5   D5
Oh, ____ so mellow.   Oh, so mellow.   ***Fade out***

Mony, Mony

Words and Music by Bobby Bloom,
Tommy James, Ritchie Cordell and Bo Gentry

Melody:

Here ___ she comes now say - ing,

Intro | F# | | | |

Verse 1

   F#   B F#
Here ___ she comes now saying, "mony, mony."

                   B F#
Shoot 'em down, turn around, come on, mony.

                 B F#
Hey, she give me love and I feel all right now.

     F#
Yeah! You gotta toss and turn and feel all right,

   B   C#
And I feel ___ all right, I say yeah, ___(Yeah,) yeah, (yeah,)

Yeah, (Yeah.) yeah, (Yeah.) yeah.

Chorus 1

       F#
'Cause you make me feel (Like a pony.) so good,

(Like a pony.) so good, (Like a pony.) so good,

       B
(Mony, mony.) so fine, ___ (Mony, mony.) so fine,

(Mony, mony.) it's so fine. (Mony, mony.) Well, I feel all right.

       C#
(Mony, mony.) I say yeah, ___ (Yeah.) yeah, (Yeah.) yeah, (Yeah.)

Yeah, (Yeah.) yeah, (Yeah.) yeah. (Yeah.)

Interlude 1 |N.C. | | | |
                       |F# |B |F# |B |

              B   **F#**   **B**

Bridge ||: (Oo, I love you, mony, mo-mo-mo - ny

                           F#   **B**

Oo, I love you, mony, mo-mo-mo - ny.) :|| ***Play 4 times***

                    C#

Say yeah, ___ (Yeah.) yeah, (Yeah.) yeah, (Yeah.) yeah, (Yeah.)

Yeah, (Yeah.) yeah. (Yeah.)

           F#

Chorus 2   Come on. Come on. Come on. Come on.

           B

   Come on, come on. Come on, come on.

Come on, come on, feel all right.

               C#

I say yeah, ___ (Yeah.) yeah, (Yeah.) yeah, (Yeah.) yeah, (Yeah.)

Yeah, (Yeah.) yeah. (Yeah.)

Interlude 2 |F# | | | |

              F#   **B**   **F#**

Verse 2   Wake ___ it, shake it, mony, mony.

                                   B   **F#**

Shotgun dead and a come on, mony.

                                       B   **F#**

Don't stop cookin' 'cause I feel all right now.

             F#

Hey! But don't stop now, come on, mony,

          B

Come ___ on, yeah.

          C#

I say yeah, ___ (Yeah.) yeah, (Yeah.) yeah, (Yeah.) yeah, (Yeah.)

Yeah. (Yeah.)

                                 F#

Chorus 3   'Cause you make me feel (Like a pony.) so good,

                  (Like a pony.) so good, (Like a pony.) Well, I feel all right.

               B

               (Mony, mony.)   You so fine, (Mony, mony.) you so fine,

               (Mony, mony.) you so fine. (Mony, mony.) I will be all right.

                         C#

               (Mony, mony.) I say yeah, ___ (Yeah.) yeah, (Yeah.) yeah, (Yeah.)

                        F#

               Yeah, (yeah.) yeah, I wanna   ride your pony, ride your pony,

                                   B

               Ride your pony. Come on, come on. (Come on!)

               Come on, mony. Feel all right.

                 C#

               I say yeah, ___ (Yeah.) yeah, (Yeah.) yeah, (Yeah.)

               Yeah, (Yeah.) yeah.

                         F#

Chorus 4   'Cause you make me feel (Like a pony.) so good,

                  (Like a pony.) so good, (Like a pony.) so good.

               B

               (Like a pony.)   Come on! (Mony, mony.) Yeah, all right.

               (Mony, mony. Mony, mony.) Well, I feel so good.

                       C#

               (Mony, mony.) I say yeah, ___ (Yeah.) yeah, (Yeah.) yeah, (Yeah.)

               Yeah. (Yeah.)   ***Fade out***

Move It on Over

Words and Music by
Hank Williams

Melody:

I come in last night — a-bout a half past ten.

Verse 1

        G5
I come in last night about a half past ten.

That baby of mine wouldn't let me in.

   C5   **G5**
So move it on over, rock it on over.

       D5   **C5**   **G5 D5**
Move o - ver, little dog, a mean old dog is movin' in.

Verse 2

        G5
She told me not to mess around,

But I done let the deal go down.

C5   **G5**
Move it on over, rock it on over.

       D5   **C5**   **G5 D5**
Move o - ver, nice dog, a big bad dog is movin' in.

Verse 3

        G5
She changed the lock on my back door.

Now my key, it won't fit no more.

C5   **G5**
Move it on over, rock it on over.

       D5   **C5**   **G5 D5**
Move o - ver nice dog, a mean old dog is movin' in.

Guitar Solo1	‖: **G5**					

```
‖: G5   |        |    | G5  |        |       |
|  C5   |        | G5 |     |        |
|  D5   | C5     | G5 |     |   D5  :‖
```

Guitar Solo1

‖: **G5** | | | **G5** | |

| **C5** | | **G5** | |

| **D5** | **C5** | **G5** | | **D5** :‖

Verse 4

G5
She threw me out just as pretty as she please.

Pretty soon I'll be scratchin' fleas.

C5   **G5**
Move it on over, slide it on over.

    D5   **C5**   **G5 D5**
Move o - ver, nice dog, a mean old dog is movin' in.

Guitar Solo 2   *Repeat Guitar Solo 1*

Verse 5

    G5
Yeah, listen to me, dog, before you start to whine.

That side's yours and this side's mine.

   C5   **G5**
So move it on over, rock it on over.

    D5   **C5**   **G5 D5**
Move o - ver little dog, a big old dog is movin' in.

Guitar Solo 3   *Repeat Guitar Solo 1*

Verse 6

    G5
Yeah, she changed the lock on my back door.

Now my key it won't fit no more.

C5   **G5**
Move it on over, rock it on over.

    D5   **C5**   **G5 D5**
Move o - ver little dog, a big old dog is movin' in.

Verse 7

G5
Move it on over, move it on over.

C5   **G5**
Move it on over. Won't you rock it on over?

    D5   **C5 N.C.**   **G5**
Move o - ver cool dog, a hot dog's movin' in.

No Particular Place to Go

Words and Music by
Chuck Berry

Melody:

Rid - in' a - long in my au - to - mo - bile,...

D7 — C D F♯ A

G — D G B

C7 — C E G B♭

Intro | D7 |

Verse 1

N.C.   G
Riding along in my automo-bile,

N.C.   G
My baby beside me at the wheel.

N.C.   C7
I stole a kiss at the turn of a mile,

N.C.   G
My curiosity running wild.

N.C.   D7
Cruising and playing the radi-o,

N.C.   G
With no particular place to go.

Verse 2

N.C.   G
Riding along in my automo-bile,

N.C.   G
I was anxious to tell her the way I feel.

N.C.   C7
So I told her softy and sin-cere,

N.C.   G
And she leaned and whispered in my ear.

N.C.   D7
Cuddlin' more and driving slow,

N.C.   G
With no particular place to go.

Solo 1		G								
		C			G					
		D		C		G				

Verse 3

    N.C.   G
No particular place to go,

    N.C.   G
    So we parked way out on the Koko-mo.

    N.C.   C
    The night was young and the moon was gold,

    N.C.   G
    So we both decided to take a stroll.

    N.C.   D7
    Can you imagine the way I felt?

    N.C.   G
    I couldn't unfasten her seat belt.

Verse 4

    N.C.   G
Riding along in my calaboose,

    N.C.   G
    Still trying to get her belt a loose.

    N.C.   C
    All the way home I held a grudge,

    N.C.   G
    For the safety belt that wouldn't budge.

    N.C.   D7
    Cruising and playing the radi-o,

    N.C.   G
    With no particular place to go.

Solo 2   *Repeat Solo 1 (2 times)*

Not Fade Away

Words and Music by Charles Hardin
and Norman Petty

I wan-na tell ya how it's ___ gon - na be.

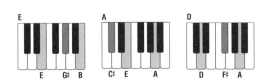

Intro
| E A E | A E | A E | A E |

Verse 1

E   A   D/A   A
I wanna tell ya how it's gonna be.

   E   A E   A   E
Uh, you're gonna give your love to me.

               A   D/A   A
I'm gonna love you night and day.

Chorus 1

   E   A E   A   E
Oh, love is love, not fade away.

                  A   E
Uh, well, love is love, not fade away.

Verse 2

   E   A   D/A   A
Uh, my love's bigger than a Cadillac.

    E   A E   A   E
I ____try to show it and you drive me back.

                 A   D/A   A
Uh, your love for me has got to be real,

E   A E   A   E
For you to know just how I feel.

	E A E A E
Chorus 2	Uh, love real, not fade away.

                                              A   E   A   E
          Uh, well, love real, not fade away.   Yeah!

| *Interlude* | ‖:A   D/A A │   D/A A │E   A E│   A E:‖ |
| | │   A E│ |

              E   A   D/A A
Verse 3   I'm gonna tell ya how it's gonna be.

                  E   A   E   A   E
          Uh, you're gonna give your love to me.

                                    A   D/A A
          A love that lasts more than one day.

                              E   A E   A   E
Chorus 3   Uh well, love is love, not fade away.

                                    A   E   A   E
          Well, love is love, not fade away.

                      E   A   E   A   E
Outro   Well, love is love, not fade away.

                  A   E   A   E
          L-love, love, 'll not fade away.

                  A   E
          Not fade a-way.

                  A   E
          Not fade a-way.   ***Fade out***

Rock Around the Clock

Words and Music by Max C. Freedman
and Jimmy DeKnight

Melody:

One, two, three o' clock, four o' clock rock.

A   E7   D9

C♯ E   A   D E   G♯ B   C E F♯ A

Intro	A

Intro

                                          A
One, two, three o'clock, four o'clock rock.

N.C.   **A**
Five, six, seven o'clock, eight o'clock rock.

N.C.
Nine, ten, eleven o'clock, twelve o'clock rock.

                  E7
We're gonna rock around the clock tonight.

Verse 1

                 A
Put your glad rags on and join me, hon.

We'll have some fun when the clock strikes one.

                 D9
We're gonna rock around the clock tonight.

                 A
We're gonna rock, rock, rock 'til broad daylight.

                 E9   **A**
We're gonna rock, gonna rock around the clock tonight.

Verse 2

                 A
When the clock strikes two, three and four,

If the band slows down we'll yell for more.

                 D9
We're gonna rock around the clock tonight.

                 A
We're gonna rock, rock, rock 'til broad daylight.

                 E9   **A**
We're gonna rock, gonna rock around the clock tonight.

PIANO CHORD SONGBOOK

Solo   *Repeat Verse 1 (Instrumental)*

                              A

Verse 3   When the chimes ring five and six and seven

We'll be right in seventh heav'n.
                   D9
We're gonna rock around the clock tonight.
                  A
We're gonna rock, rock, rock 'til broad daylight.
                  E9   A
We're gonna rock, gonna rock around the clock tonight.

                              A

Verse 4   When it's eight, nine, ten, eleven too,

I'll be goin' strong and so will you.
                   D9
We're gonna rock around the clock tonight.
                  A
We're gonna rock, rock, rock 'til broad daylight.
                  E9   A
We're gonna rock, gonna rock around the clock tonight.

                              A

Verse 5   When the clock strike twelve, we'll cool off then,

Start a rockin' 'round the clock again.
                   D9
We're gonna rock around the clock tonight.
                  A
We're gonna rock, rock, rock 'til broad daylight.
                  E9   A
We're gonna rock, gonna rock around the clock tonight.

Rock this Town

Words and Music by
Brian Setzer

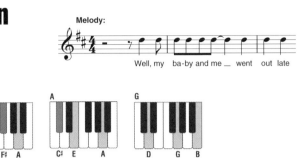

Melody:

Well, my ba-by and me __ went out late

D   D F# A

A   C# E A

G   D G B

Intro   ‖: D | | | :‖ ***Play 3 times***

Verse 1

            D
Well, my baby and me went out late Saturday night.

                                                       A
I had my hair piled tight and my baby just looked so right.

            D
Well, pick you up at ten, gotta have you home at two.

            G
Your mama don't know what I got in store for you.

               D   **A**
But that's ___ all right 'cause we're lookin' as cool as can be.

Interlude 1 ‖: N.C.(D) | | | :‖

Verse 2

            D
Well, we found a little place that really didn't look half bad.

                                                            A
I had a whiskey on the rocks and change of a dollar for the jukebox.

            D
Well, I put a quarter right into that can,

            G
But all it played was disco, man.

               D   **A**   **D**
Come on, ___ pretty baby, let's get out of here right away.

	D
Chorus 1	We're gonna rock this town, rock it inside out.

                                                                                           A

We're gonna rock this town, make 'em scream and shout.

D
Let's rock, rock, rock, man rock.

          G
We're gonna rock till we pop, we're gonna roll till we drop.

              D   **A**   **D**
We're gonna rock this town, rock ____ it inside out.

Guitar Solo 1	*Repeat Verse 1 (Instrumental)*
Interlude 2	*Repeat Interlude 1*

                 D
Verse 3   Well, we're havin' a ball just a boppin' on the big dance floor.

                                                           A
Well, there's a real square cat; he looks of nineteen seventy-four.

             D   **N.C.**   **D**   **N.C.**
Well, you look at me once, you look at me twice.

G   **N.C.**   **G**
Look at me again and there's gonna be a fight.

             D   **A**   **D**
We're gonna rock this town, we're gonna rip this place apart.

Chorus 2

                 D
We're gonna rock this town, rock it inside out.

                                       A
We're gonna rock this town, make 'em scream and shout.

             D
Let's rock, rock, rock, man rock.

             G
We're gonna rock till we pop, we're gonna roll till we drop.

             D   **A**   **D**
We're gonna rock this town, rock ____ this place apart.

Guitar Solo 2   *Repeat Verse 1 (Instrumental)*

Interlude 3   *Repeat Interlude 1*

Chorus 3   *Repeat Chorus 1*

Outro

             D   **A**   **D**
We're gonna rock this town, rock ____ it inside out.

                                A   **N.C. (D)**   **D**
We're gonna rock this town, rock ____ it inside out.

See You Later, Alligator

Words and Music by
Robert Guidry

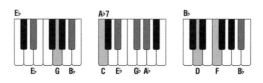

Verse 1

     N.C.   E♭
Well, I saw my baby walkin'

With another man today.

         A♭7
Well, I saw my baby walkin'

         E♭
With another man to-day.

            B♭
When I ask her, "What's the matter?"

         E♭
This is what I heard her say,

Chorus 1

N.C.   E♭
  See you later, alli - gator.

After while, crocodile.

       A♭7
See you later, alli - gator.

       E♭
After while, croco - dile.

          B♭
Can't you see you're in my way now?

         E♭
Don't you know you cramp my style?

Verse 2

N.C.   E♭

    When I thought of what she told me,

Nearly made me lose my head.

                A♭7

When I thought of what she told me,

               E♭

Nearly made me lose my head.

              B♭

But the next time that I saw her,

                E♭

Reminded her of what she said.

Chorus 2

Repeat Chorus 1

Guitar Solo

E♭						
A♭7			E♭			
B♭			E♭			

Verse 3

N.C.   E♭

    She said, "I'm sorry, pretty daddy,

You know my love is just for you."

              A♭7

She said, "I'm sorry, pretty daddy,

              E♭

You know my love is just for you.

              B♭

Won't you say that you for - give me

              E♭

And say your love for me is true?"

Verse 4

N.C.   E♭
I said, "Wait a minute, 'gator,

I know you mean it just for play."
                 A♭7
I said, "Wait a minute, 'gator,
                    E♭
I know you mean it just for play."
                  B♭
Don't you know you really hurt me?
                   E♭
And this is what I have to say…

Chorus 3

Repeat Chorus 1

Chorus 4

N.C.   E♭
See you later, alli - gator.

After while crocodile.
              A♭7
See you later, alli - gator.
            B♭   E♭
So long, that's all, ___ goodbye!

Save the Last Dance for Me

Words and Music by Doc Pomus
and Mort Shuman

Melody:

You can dance   ev-'ry dance

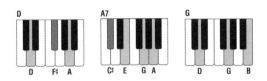

Intro | D | | |

Verse 1
           D
You can dance ev'ry dance with the guy

                      A7
Who gives you the eye; let him hold you tight.

You can smile ev'ry smile for the man

                      D
Who held your hand beneath the pale moonlight.

Chorus 1
               G
But don't for - get who's taking you home

            D
And in whose arms you're gonna be.

  A7   **D**
So darlin', save the last dance for me. Ooh.

Verse 2

          D
Oh, I know that the music's fine

                         A7
Like sparklin' wine; go and have your fun.

Laugh and sing, but while we're apart

               D
Don't give your heart to anyone.

Chorus 2   *Repeat Chorus 1*

Bridge

               A7
Baby, don't you know I love you so?

               D
Can't you feel it when we touch?

         A7
I will never, never let you go.

        D
I love you, oh, so much.

Verse 3

        D
You can dance, go carry on

                  A7
Till the night is gone and it's time to go.

If he asks if you're all alone,

               D
Can he walk you home, you must tell him no.

Chorus 3   *Repeat Chorus 1*

Instrumental   *Repeat Bridge*

Chorus 4   *Repeat Chorus 1*

Outro

    A7   **D**
‖: Save the last dance for me. :‖ *Repeat and fade*

Shake, Rattle and Roll

Words and Music by
Charles Calhoun

Melody:

Get out from that kitch-en and...

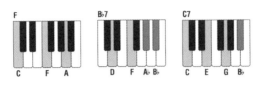

Intro

| F | | | | |

Verse 1

    F
Get out from that kitchen and rattle those pots and pans.

    Bb7   **F**
Get out from that kitchen and rattle those pots and pans.

    C7   **F**
Well, roll my breakfast, 'cause I'm a hungry man.

Chorus 1

    F
I said, shake, rattle and roll.

I said, shake, rattle and roll.

    Bb7
I said, shake, rattle and roll.

    F
I said, shake, rattle and roll.

      C7   **F**
Well, you never do nothin' to save your doggone___ soul.

Verse 2

F
Wearin' those dresses, your hair done up so nice.

Bb7   **F**
Wearin' those dresses, your hair done up so nice.

    C7   **F**
You look so warm, but your heart is cold as ice.

Chorus 2	*Repeat Chorus 1*
Solo	*Repeat Verse 1 (Instrumental)*

Verse 3

         F
I'm like a one-eyed cat, peepin' in a seafood store.
         B♭7   **F**
I'm like a one-eyed cat, peepin' in a seafood store.
      C7   **F**
I can look at you, tell you don't love me no more.

Verse 4

         F
I be-lieve you're doin' me wrong and now I know.
         B♭7
I be-lieve you're doin' me wrong and now I know.
      C7   **F**
The more I work, the faster my money goes.

Chorus 3

         F
I said, shake, rattle and roll.

I said, shake, rattle and roll.
      B♭7
I said, shake, rattle and roll.
      F
I said, shake, rattle and roll.
         C7   **F**
Well, you never do nothin' to save your doggone__ soul.

Shake, rattle and roll.

Stir It Up

Words and Music by
Bob Marley

Stir _ it up, ___   lit - tle dar - ling.

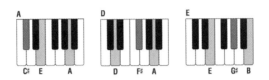

A   C# E   A

D   D F# A

E   E G# B

Intro ‖: A | D   E :‖ *Play 4 times*

Chorus 1

A   D   E   A   D   E
Stir it up,   little darling, stir it up. Come on baby.

                    A   D   E   A   D   E
Come on and stir it up,   little darling, stir it up.

Verse 1

                    A
It's been a long, long time

D   E   A   D   E
     Since I've got you on my mind. (Ooh)

       A
And now you are here.

       D   E   A
I say it's so clear to see what a we will do, baby.

D   E
     Just me and you.

PIANO CHORD SONGBOOK

Chorus 2	*Repeat Chorus 1*
Verse 2	A D E

A   **D**   **E**
I'll push the wood, and I'll blaze your fire.

A   **D**   **E**
   Then I'll satisfy your   all de - sire.

A   **D** **E**
   Said I stir it, yeah,   ev'ry minute.

A   **D**   **E**
   All you've got to do, baby,   is keep it in it and

Chorus 3   *Repeat Chorus 1*

Verse 3

                  A   **D**   **E**
And then   quench me   when I'm thirsty.

A   **D**   **E**
   Come on, cool me down, ba - by, when I'm hot.

A   **D**   **E**
   Your recipe, darling,   is so tasty.

A   **D**   **E**
   And you sure   can stir your pot.

Chorus 4   *Repeat Chorus 1 (w/ voc. ad lib.) and Fade*

Stuck on You

Words and Music by Aaron Schroeder
and J. Leslie McFarland

Melody:

You ___ can shake an ap - ple off an

G
D G B

C
C E G

D
D F# A

Intro | G | | | |

Verse 1
G
You can shake an apple off an apple tree.

Shake, shake, sugar, but you'll never shake me.

        C   G
Uh, uh, uh. __ No siree, uh, uh.

        D
I'm gonna stick like glue,

C N.C.   G N.C.   D
  Stick because I'm   stuck on you.

Verse 2
        G
I'm gonna run my fingers through your long black hair,

Squeeze you tighter than a grizzly bear.

        C   G
Uh, uh, uh. __ Yes siree, uh, uh.

        D
I'm gonna stick like glue,

C N.C.   G N.C.   G
  Stick because I'm   stuck on you.

Bridge 1

C
Hide in the kitchen, hide in the hall.

G
Ain't gonna do you no good at all.

       C
'Cause once I catch ya and the kissin' starts,

D N.C.   D
A team of wild horses couldn't tear us apart.

Verse 3

       G
Try to take a tiger from his daddy's side.

That's how love is gonna keep us tied.

              C   G
Uh, huh, huh. __ Uh, huh, huh. Oh, yeah. Uh, huh, huh.

        D
I'm gonna stick like glue,

C N.C.   G N.C.   G
  Stick because I'm   stuck on you.

Bridge 2   *Repeat Bridge 1*

Outro-Verse

G
Try to take a tiger from his daddy's side.

Ooh, that's how love is gonna keep us tied.

              C   G
Uh, huh, huh. __ Yes siree, uh, huh.

        D
‖: I'm gonna stick like glue,

C N.C.   G N.C.   G
Yay, yay, because I'm   stuck on you.   :‖ *Repeat and fade*

Surfin' U.S.A.

Words and Music by
Chuck Berry

Verse 1

N.C.   A7   N.C.   D
If everybody had an ocean   across the U.S.A.

N.C.   A7   N.C.   D
Then ev'rybody'd be surfin',   like California.

N.C.   G
You'd see them wearin' their bag - gies,

N.C.   D
Huarachi sandals too.

N.C.   A7
A bushy, bushy blond hairdo,

G N.C.   D
Surfin' U.S.A.

                  A7   D
You'll catch 'em surfin' at Del Mar, Ventura County Line,

         A7   D
Santa Cruz and Tressels, Australia's Narabine,

         G   D
All over Man-hattan and down Doheny way.

         A7   G N.C.   D
Ev'rybody's gone surfin',   surfin' U.S.A.

Verse 2

N.C.   **A7**
We'll all be plannin' out a route

N.C.   **D**
We're gonna take real soon,

N.C.   **A7**
We're waxing down our surf boards,

N.C.   **D**
We can't wait for June.

N.C.   **G**
We'll all be gone for the sum - mer,

N.C.   **D**
We're on safari to stay.

N.C.   **A7**
Tell the teacher we're surfin',

G N.C.   **D**
Surfin' U.S.A.

                     A7   **D**
At Haggarty's and Swami's, Pacific Palisades,

                    A7   **D**
San Onofre and Sunset Redondo Beach, L.A.

              G   **D**
All over La Jol - la, and at Waiamea Bay.

              A7
Ev'rybody's gone surfin',

G N.C.   **D**
Surfin' U.S.A.

Outro

               A7
‖: Ev'rybody's gone surfin',

G N.C.   **D**
Surfin' U.S.A.   :‖   *Repeat and fade*

Sweet Home Chicago

Words and Music by
Robert Johnson

Melody:

Come on, __ ba - by don't cha

| E | B7 | A7 |
| E G♯ B | D♯ F♯ A B | C♯ E G A |

Intro | E | | | | B7 |

Chorus 1
       E A7   E
Come on, baby, don't cha wanna go?

           A7   E
Come on, ___ baby, don't cha wanna go

           B7   A7   E   B7
Back to that same old place,   sweet home Chi - cago?

Chorus 2
       E A7   E
Come on, baby, don't cha wanna go?

         A7   E
Highdee hey, baby, don't cha wanna go

           B7   A7   E   B7
Back to that same old place,   sweet home Chi - cago?

PIANO CHORD SONGBOOK

Verse 1

```
      E N.C.            E N.C.
Well, one and one is two, six and two is eight.

  E      N.C.              E
  Come on, baby, don't cha    make me late!

          A7                        E
  Highdee hey, baby, don't cha wanna go

            B7            A7            E    B7
  Back to that same old place,    sweet home Chi - cago?
```

Chorus 3   *Repeat Chorus 1*

Guitar Solo

```
‖: E      |         |         |         |
 | A7     |       | E       |         |
 | B7     | A7    | E       |    B7   :‖
```

Verse 2

```
  E N.C.            E N.C.
Six and three is nine, nine and nine is eighteen.

  E      N.C.                E
  Look there, brother baby, and a see what I see!

          A7                        E
  Highdee hey, baby, don't cha wanna go

            B7            A7            E    B7
  Back to that same old place,    sweet home Chi - cago?
```

Chorus 4   *Repeat Chorus 1*

Outro Solo   *Repeat Guitar Solo 1 till fade*

That's All Right

Words and Music by
Arthur Crudup

Well,　that's all　right,　Ma - ma.

Intro　　　　　|A　　|　　|　　|　　|　　|

Verse 1
　　　　　　　　A
Well, that's all right, Mama. That's all right for you.

That's all right, Mama. Just anyway you do.

　　　　　　　D7
Now, that's all right. That's all right.

　　　　　E7　　　　　　　　　　　　　　A
That's all __ right now, Mama. Anyway you do.

Verse 2
　　　　　　　A
Well, Mama, she done told me, Papa done told me too,

"Son, that gal you're foolin' with, she ain't no good for you."

　　　　　　D7
But that's all right. That's all right.

　　　　　E7　　　　　　　　　　　　　A
That's all __ right now, Mama. Anyway you do.

PIANO CHORD SONGBOOK

Guitar Solo

```
| A      |       |       |       |
|        |       |       |       |
| D7     |       |       |       |
| E7     |       |       |       |
| A      |       |       |       |
```

Verse 3

    A
I'm leavin' town, baby. I'm leavin' town for sure.

Well, then you won't be bothered with me hangin' 'round your door.

       D7
But that's all right. That's all right.

       E7   **A**
That's all __ right now, Mama. Anyway you do.

Verse 4

       A
Ah, da, da, dee, __ dee, dee, dee. Dee, dee, dee, dee.

             D7
Dee, dee, dee, dee. I need your lov - in'. That's all right.

       E7   **A**
That's all __ right now, Mama. Anyway you do.

Time for Me to Fly

Words and Music by
Kevin Cronin

Melody:

I've been a - round ___ for ___ you, I've

D   G   A

Intro   ‖: D   G | A   G   :‖

Verse 1

D
I've been around for you,

   A
I've been up and down for you,

    G   D G D G D
But I__ just can't get any relief.

I've swallowed my pride for you,

A
    Lived and lied for you,

    G   D G D G D
But a you still make me feel like a thief.

        A
You got me stealin' your love away

    G   D
'Cause a you never give it.

A
Peelin' the years away

    G   D
And a we can't re-live it.

    G   D
Oh, I make you laugh,

    G   D
And a you make me cry.

A
    I believe it's time for me to fly.

```
‖: D    G    |A    G    :‖
```

Verse 2

D
You said we'd work it out,

   A
You said that you had no doubt,

   G   **D G D G**
That deep down we were really in love.

D
Oh, but I'm tired of holdin' on

   A
To feelin' I know is gone.

G   **D G D G**
   I do believe that I've had enough.

   D   **A**
I've had e-nough of the falseness

     G   **D**
Of a worn - out re-lation.

   A
E-nough of the jealousy

     G   **D**
And the intolera - tion.

   G   **D**
Oh, I make you laugh,

     G   **D**
And a you make me cry.

A   **D G D NC.**
   I believe it's time for me to fly.

Chorus 1 (Time for me to fly.)

           A   **G**   **D**
       Oh, I've got to set__ myself free.

           A   **G**   **D**
(Time for me to fly.)

       Ah, that's just how it's a got to   be.

```
 G                          A
    I know it hurts to say good-bye,

                            G        A
But it's time for me to fly.
```

Interlude | D | | G | | |
| A | | D | | |

```
                       A                    G        D
Chorus 2    (Time for me to fly.)

                              Oh, I've got to set__ myself free.
                       A                      G        D
(Time for me to fly.)

                              Ah, that's just how it's a got to   be.

 G                          A
    I know it hurts to say good-bye,

                            G        A
But it's time for me to fly.

                         G          A
It's time for me to fly,__ ee-i, ee-i.

                    D
It's time for me to fly.

              G          A
(It's time for me to fly.)

              G          D
It's time for me to fly.

                    A
(It's time for me to fly.)

              G          D
It's time for me to fly.

              G          A        G        D
(It's time for me to fly.)

                    Babe,__ it's time for me to fly.
```

Twist and Shout

Words and Music by Bert Russell
and Phil Medley

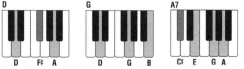

Intro |D   G   A7| |D   G   A7| |

| | D
Chorus 1   Well, shake it up ba - by, now,

G   A7
(Shake it up, baby.)

      D
Twist and shout.

G   A7
(Twist and shout.)

                                      D
Come on, come on, come on, come on, baby now.

G   A7
(Come on, baby.)

                        D
Come on and work it on out.

G   A7
(Work it on out.)

	D
Verse 1	Well, work it on out.

G   **A7**
(Work it on out.)

                            D
You know you look so good.

G   **A7**
(Look so good.)

                         D
You know you got me goin' now.

G   **A7**
(Got me goin'.)

                             D
Just like I knew you would.

        G   **A7**
(Like I knew you would. Oo.)

Chorus 2   **Repeat Chorus 1**

                             D
Verse 2   You know you twist, little girl.

G   **A7**
(Twist little girl.)

                       D
You know you twist so fine.

G   **A7**
(Twist so fine.)

                           D
Come on and twist a little closer now,

G   **A7**
(Twist a little closer.)

                           D
And let me know that you're mine.

        G   **A7**
(Let me know you're mine, ooh.)

Interlude   ‖: **D**   **G**   **A7** | **G**   **A7** :‖   ***Play 4 times***

Ah, ah, ah, ah. Wow!

Chorus 3   **Repeat Chorus 1**

Verse 3   **Repeat Verse 2**

                                          D
Outro   Well, shake it, shake it, shake it, baby, now.

              G   **A7**
              (Shake it up, baby.)

                                          D
              Well, shake it, shake it, shake, it, baby, now.

              G   **A7**
              (Shake it up, baby. Oo.)

                                     D
              Ah, ah, ah, ah.

Tutti Frutti

Words and Music by Little Richard Penniman
and Dorothy La Bostrie

Intro

N.C.
A bop bop a loom op

A lop bop boom!

Chorus 1

F
Tutti frutti, au rutti,

Tutti frutti, au rutti.

B♭7
Tutti frutti, au rutti,

F
Tutti frutti, au rutti.

C7　　　**B♭7**
Tutti frutti, au rutti.

F N.C.
A bop bop a loom op

A lop bop boom!

Verse 1

         F
I got a gal, her name's Sue,

She knows just what to do.

     B♭7
I got a gal, her name's Sue,

    F
She knows just what to do.

           N.C.   **F N.C.**
She's rocked to the east, she's rocked to the west,

     F N.C.
But she's the gal I love the best.

Chorus 2   *Repeat Chorus 1*

Verse 2

         F
I got a gal, her name's Daisy,

She almost drives me crazy.

     B♭7
I got a gal, her name's Daisy,

    F
She almost drives me crazy.

          N.C.   **F N.C.**
She knows how to love me, yes, indeed.

F N.C.
Boy, you don't know what you do to me.

Chorus 3   *Repeat Chorus 1*

Solo   *Repeat Chorus 1 (Instrumental)*

Chorus 4   *Repeat Chorus 1*

Verse 3   *Repeat Verse 2*

Chorus 5   *Repeat Chorus 1*

The Twist

Words and Music by
Hank Ballard

Melody:

Come on,   ba   -   by,...

Intro | B | A | E | | |

Verse 1
                  E
Come on, ba - by, let's do the twist.

             A   **E**
Come on, ba - by, let's do the twist.

                B   **A**   **E**
Take me by my little hand   and go like this.

Chorus 1
          E
Ee ah. Twist, babe, baby, twist.

       A
Woo. Yeah.

     E
Just like this.

             B **A N.C.**   **E**
Come on, little miss,___ and do the twist.

	E
Verse 2	My daddy is sleep - in' and mama ain't around.

        A   **E**
Yeah, daddy's just sleep - in' and mama ain't around.

        B
We're gonna twist, a twist, a twistin',

A N.C.   **E**
Till we tear the house down.

Chorus 2   *Repeat Chorus 1*

Solo   *Repeat Chorus 1 (Instrumental)*

        E
Verse 3   Yeah, you should see___ my little sis.

        A   **E**
You should see___ my, my little sis.

        B
She really knows how to rock,

A N.C.   **E**
She knows how to twist.

Chorus 3   *Repeat Chorus 1*

Outro   *Repeat Chorus 1 (Instrumental)*

Wooly Bully

Words and Music by
Domingo Samudio

Melody:

Mat-ty told Hat-ty   a-bout a

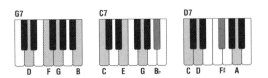

G7   C7   D7

D F G B   C E G B♭   C D F♯ A

Intro

N.C.
Spoken: Uno, dos, one, two, tres, quatro.

| G7 | | | |

| G7 | | | | |
Hey, Wooly, Bully. Watch it, now, watch it.   Here he come,

| C7 | | |
Here he come.

| G7 | | D7 | C7 | G7 | |
Watch it, now, he get you.

Verse 1

G7
Matty told Hatty about a thing she saw.

Had two big horns and a wooly jaw.

Chorus 1

    C7   G7
Wooly Bully, Wooly Bully.

    D7   C7   G7   D7
Wooly Bully, Wooly Bully, Wooly Bully.

Verse 2	**G7** Hatty told Matty, "Let's don't take no chance, Let's not be L-seven, come and learn to dance."
Chorus 2	*Repeat Chorus 1*
Interlude	| **G7** | | |
Sax Solo	*Repeat Verse 1 and Chorus 1*
Verse 3	**G7** Matty told Hatty, "It's the thing to do Get you someone, really pull the wool with you."
Chorus 3	*Repeat Chorus 1*
Outro	| **G7** | | | **N.C.** ||

You Are My Sunshine

Words and Music by
Jimmie Davis

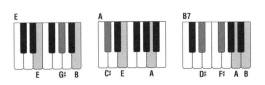

Verse 1

            E
The other night dear as I lay sleeping,

       A   **E**
I dreamed I held you in my arms.

        A   **E**
When I a-woke dear I was mis-taken,

         B7   **E**
And I hung my head and cried:

Chorus 1

          E
You are my sunshine, my only sunshine,

        A   **E**
You make me happy when skies are gray.

        A   **E**
You'll never know dear how much I love you.

            B7   **E**
Please don't take my sunshine a-way.

Verse 2

              E
I'll always love you and make you happy,

           A   E
If you will only say the same.

         A   E
But if you leave me to love an-other

               B7   E
You'll regret it all some day.

Chorus 2   **Repeat Chorus 1**

Verse 3

             E
You told me once dear you really loved me,

         A   E
And no one else could come be-tween.

         A   E
But now you've left me and love an-other;

            B7   E
You have shattered all my dreams.

Chorus 3   **Repeat Chorus 1**